JN273480

英単語運用力判定ソフトを使った語彙指導

門田修平・野呂忠司・氏木道人・長谷尚弥 編著

大修館書店

本書のねらい

　これまでの日本の英語教育は,「わかること」に主眼を置いてきました。よく聞かれる学習者のことばに,どうやったら英語が「わかるようになるか」苦労しましたというのがあります。そして,教師も,英語を読んで,英文の構造や意味を説明し,語彙や構文,文法などの知識を学習者が得るとそれで,「終わり!」でした。実際に英語が使えるためには,その先に遠い道のりがあることは,その学習・指導においてあまり念頭になかった,そういってよいと思います。

　英語が「分かった」,「正確な知識を得た」というのは,認知心理学では,「顕在記憶 (explicit memory)」を形成した状態です。要は,意識して覚えて正確な知識 (accuracy) を得た状態です。記憶 (正確には,長期記憶) から,意識的に検索しようとして,はじめて取り出せる,そんな状態です。

　しかし,正確に「知っていること」と,実際に「使えること」とはまったく別物です。正確な文法知識があっても,語彙の知識を正しく身につけていても,簡単な英語が聞き取れない,話せない。そうすると,「知っている」状態を「できる」状態に何とか転化すること,認知心理学的な言い方をすれば,「顕在記憶」をできる限り「潜在記憶 (implicit memory)」に変換することが必須です。言い換えると,意識しなくても,努力しなくても,すぐに検索して利用できる,自動性 (automaticity),さらには流暢性 (fluency) を備えた能力にどこまで転化できるか,これを真剣に検討する必要があります。

　監修・編著者の門田は,これまでも,『英語語彙指導ハンドブック』(大修館),『英語のメンタルレキシコン:語彙の獲得・処理・学習』(松柏社) などを刊行し,「知っている」という語彙力を,実際に「使える」語彙力に転化するための学習法,指導法を模索することの重要性を,内外の英語の先生方・学習者のみなさんに提示しました。さらに2007年からは,この活用できる語彙力がどのようなものか検討するために,数多くの日本人英語学習者をターゲットにした共同研究を実施して,A・B 2つのバージョンから成る Computer-Based English Lexical Processing (CELP) Test を開発しました。そして理論面では,その研究成果を既に研究報告書にまとめました。

　本書は英語の学習・教育実践への貢献をめざしたもので,上記の成果にも

とづき，英語語彙の顕在的な知識とは異なる，語彙運用能力を測定するテストを，英語学習者および英語の先生方に提供しようとするものです。これまでは，英単語を，何語くらい，どの程度よく知っているかという語彙知識の「広さ」「深さ」を語彙力と呼んできました。それに対し，本書では，語彙の知識をどれだけ正確に素早く活用できるかという，語彙運用の自動性（automaticity）および流暢性（fluency）を測定するテストプログラムを，関連する研究成果とともに解説したいと思います。そうすることで，高校生，大学受験生，大学生，社会人，英語教員まで広く活用できるテストプログラムを提供できると考えています。なお，上記にあえて受験生を加えたのは，特に大学入試英語問題対策としても，この語彙運用力の育成は重要ではないかと思われるからです。

このように本書は「実際に使いこなせる」英単語力の習得に焦点を当てています。英語学習者にとってコミュニケーション活動に必須とされる，「単語を使いこなせる」程度を測定するために，新たに開発したコンピュータ・ソフト（CELP）を提供するとともに，そのテストの活用法および英単語運用力の増強法を，学習者の立場から，さらには指導者の立場から，解説しています。

本書の執筆においては，野呂忠司，氏木道人，長谷尚弥の3名の編著者に，監修・編著者の門田が加わって草稿の執筆が行われました。それを先の共同研究グループの他のメンバーにチェック頂き，必要に応じて加筆，修正，削除をお願いしてできあがったものです。しかしながら，当然のことながら，最終責任は監修・編著者である門田にあります。読者の皆さんのコメントをお待ちしております。

最後に大修館編集部の金子　貴さんには，編集部を離れ，他のお仕事で極めてご多忙中，非常に適切かつ丁寧な校正作業をして頂き，深く感謝しております。本書が，実際に使える英語力を習得したいと思う学習者，およびそのような英語力の育成を目指した指導を展開したいと願う先生方に，その手がかりを与えることができれば筆者としてこれにまさる喜びはありません。

2014年5月

門田修平

目次

第1部 「知っている」単語と「使える」単語はどこがどう違うのか …… 1

第1章 これまでの英単語の学習法を考える：英単語テストの方法とその問題点 …………… 2

はじめに 2

1. これまでの英単語学習を検討する 3
   英単語を覚えて定着させるとは？／リストによる英単語学習と文脈による英単語学習

2. これまでの英単語テストを検証する 9
   語彙知識の量(広さ)の測定／語彙知識の質(深さ)の測定

まとめ 14

第2章 今の時代に知っておくべき英単語力とは何か …………… 16

1. 英語語彙の2つのネットワークとは？ 16
   ラベリング／パッケージング／ネットワーク構築

2. 今求められている英単語力とは？ 19
   語彙知識の広さ・深さとともに速さが重要／カギを握るのはフォーミュラ連鎖

第3章 「使える」英単語はどのように測ればよいのか …………… 26

1. 「使える」英単語とは？ 26
2. 視認語彙とは？ 27
3. どうしたら英単語は「使える」ようになるのでしょうか？ 28
4. 「使える」英単語の測定法 30
   自動化測定のテスト／自動性の特徴／変動係数による測定法／変動係数の評価

第4章 脳科学からわかる「使える」英語力 …………… 36

1. 英語の学習・教育への神経科学的アプローチとは？ 36
2. 英語の語彙処理における行動データと脳科学データとの関係は？ 40
3. 顕在学習・潜在学習とは何か？：英語の語彙学習の2形態 45
   顕在記憶と潜在記憶／顕在学習とは何か？／記憶の固定／潜在学習とは何か？
4. 心理言語学的能力：脳科学の成果をふまえた提言 53

第2部 英単語運用力測定ソフトを使おう ………… 57

第1章 CELPテストが完成するまで ………… 58
はじめに　58
1. CELPテストの背景にある概念　59
   頻度より親密度が良いのはなぜか？／なぜ類義語ペア，プライミング効果を活用するのか？
2. 単語ペアの選定とテスト作成まで　64

第2章 テストの妥当性・信頼性 ………… 78
1. テストの妥当性・信頼性とは何か？　78
2. CELPテスト開発の趣旨は？　79
3. 本調査の目的は？　81
4. 研究1　82
   参加者／材料および手続き／データの集計方法／結果と考察／総合的考察
5. 研究2　87
   参加者／材料および手続き／データの集計方法／結果と考察／総合的考察
6. おわりに　92

第3章 テストの実施方法と注意点 ………… 94
1. テストの実施方法とその注意点　94
2. テスト結果の見方とその解釈　101
   出力結果の見方／正答率と反応時間の算出

第3部 CELPテストの活用法 ………… 107

第1章 活用法その1：英語学習者のためのテスト活用法 ………… 108
1. プロの英語力にはなぜ単語認知の自動化が必要か？　108
2. 母語話者と同じ概念で英語の意味をとらえられているか？　111
3. 英語学習におけるCELPテストの活用法　115
   視認単語研究からみたCELPテスト反応速度／自動化とCELPテストの反応速度／流暢な読解力の発達を知るCELPテストの活用法

第2章 活用法その2：英語指導者のためのテスト活用法 ………… 120
1. CELPテストの3つの活用法　120
2. CELPテストの英語教育現場への波及効果　125

第4部　「使える」英単語力増強法 …………………………………… 127

第1章　多読・多聴による方法 …………………………………… 128

1. 多読・多聴とはどのような学習方法か？　128
   多読・多聴への関心／多読・多聴の指導法・学習法

2. どうして速く読め，自然な速さで聴けるようになるのか？　131
   単語認知の自動化／フォーミュラ連鎖の認知による処理単位の拡大

3. 多読・多聴指導が読解力と語彙力に及ぼす効果　135
   多読量が増えれば，読解速度は速くなるか？／多読によってコロケーションやフォーミュラ連鎖の認知力は向上するか？／多読によって語彙は習得されるか？

第2章　シャドーイング・音読による方法 …………………………… 142

1. シャドーイング・音読とはどのような学習方法か？　142
2. シャドーイング・音読の効果は？　144
3. シャドーイング・音読による反復プライミング学習は語彙運用力の習得にどのような効果をもたらすか？　146
   プライミングとは／プライミングの種類／シャドーイング・音読の効果とプライミング

4. リハーサル（復唱）をきたえることで英単語運用力はつくのか？　148
   音声知覚の運動理論／リハーサルによる学習項目の内在化：外的リハーサルと内的リハーサル／シャドーイング・音読と，語彙力・スピーキング能力との関係

5. シャドーイング・音読によるフォーミュラ連鎖学習法　155

第3章　「使える」英単語をさらに増やすための方法 ……………… 160

1. 上級者向けの単語の特徴と顕在学習の重要性　160
2. 英語の語彙力と総合的な英語力の関係　161
3. 上級者のための語彙学習法　161

本書のまとめ　166

主要参考文献　169

索引　175

1

「知っている」単語と
「使える」単語はどこがどう違うのか

1 これまでの英単語の学習法を考える：英単語テストの方法とその問題点

概要

前半部では，リストによる意図的学習と文脈による偶発的学習について，それらがワーキング・メモリと長期記憶のいずれの記憶のメカニズムと関わるのかに触れながら，これまで語彙学習がどのように行われてきたのかを解説します。後半部では，これまでの単語テストが，単語を「どれだけ（量），どれくらいよく（質）知っているか」といった知識面を測定してきたことについて触れ，語彙のサイズを測定するテスト，語彙の深さを測定するテストの意義と問題点について解説します。

キーワード

ワーキング・メモリ，長期記憶，意図的語彙学習，偶発的語彙学習，語彙サイズ，語彙の深さ

はじめに

「英単語を覚える」というのは，公式を覚えて数学の問題を解くのと同じように，誰もが学校で経験してきたごく普通の学習です。「明日までに英単語を20個覚えてきなさい」と言われれば，誰もが何とか対応できるでしょう。また「自分はこんな良い方法を知っている」という方も多くいるのではないでしょうか。簡単にいえば単語を覚えるという作業とは，ある単語の「発音の仕方」，「スペリング」とそれに対応した「意味（日本語訳）」といった3要素を1セットにして記憶すればよいわけで，何度も単語のつづりを繰り返して書いたり，単語のつづりと意味を見ながら繰り返し発音したりすることでそのセットが覚えられるものです。しかし，ある単語に対する上記の3点セットをテストのために覚えたということと，コミュニケーションの中でその単語が自由に使えるまで定着したということは別の次元で考えるべき

でしょう。本書は,「単語をテストのために効果的に覚える」というスタンスではなく,「コミュニケーションで不自由なく利用できるために単語を覚える」という観点から,これまで日本の英語教育に欠如してきた単語学習の一面を示し,新たな単語学習の在り方を提案するものです。

そのためには,まずこれまでの英単語学習がどのような観点に基づいて提案されてきたのか,理解することが先決です。記憶についての学問的知見と単語学習理論に基づきこれまでの単語学習を概観することで,更に単語学習の新しい在り方が理解できます。まず本章では,「単語を定着させるとはどういうことなのか」,「単語学習はどのような学習形態に分けられるのか」,「単語能力はこれまでどのように理解されてきたのか」,以上の3つの点を解説し従来の単語学習の在り方を学びます。

1. これまでの英単語学習を検討する

1-1. 英単語を覚えて定着させるとは？

「この単語を覚えた」と言える段階というのは,一体学習がどの程度まで進んだときでしょうか。大抵の人は,スペルを見て意味（日本語訳）を正しく思い浮かべれば定着したと思い込んでしまうでしょう。しかし,一時的に覚えた単語が記憶に残っている場合であっても,繰り返し学習することが無ければ,数日すれば忘却されるでしょう。忘却についての研究によれば,20分も経てば記憶された項目は4割程度忘れられるというデータもあります。

人間の記憶には一時的に記憶され不要となれば直ぐに消去される記憶（短

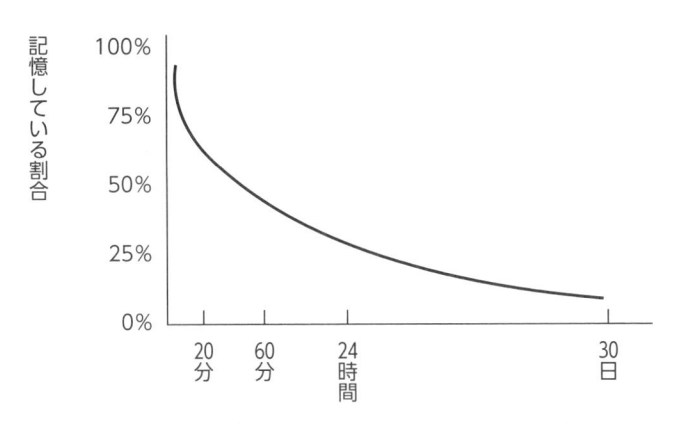

図1　エビングハウスの忘却曲線（高野 1995, 150）

期記憶）と永久に情報が保存される記憶（長期記憶）があります。学習した単語を直ぐに忘れてしまう場合，それは短期記憶に一時的に単語が保存されただけで，浅い記憶の状態にあったに過ぎません。単語が定着したと言えるには，この短期記憶から更に長期記憶へと覚えた単語についての情報が転送されることが不可欠です。またその後，転送された情報がいつでも即座に，そしてかなり自動的に検索できる状態であること，つまり，記憶が固定化した段階に到達しなければなりません。単語定着の過程について正しく理解するためには，この短期記憶と長期記憶といった二つの記憶概念から単語学習をとらえる必要があります。結果，単語学習は次の３段階でとらえることができます。

段階1）単語の短期記憶への「取り込み」
段階2）取りこんだ単語の長期記憶への「転送」
段階3）長期記憶での単語の「定着：固定化」

　まず新たに学習する単語を「取り込む」とは「学習対象の単語（情報）を処理する」段階と言い換えると分かりやすいでしょう。近年はこの情報処理を短期記憶というモデルを使わずにワーキング・メモリ（作業記憶）という記憶モデルの概念を使い解説しています。ワーキング・メモリとは能動的な情報処理について記憶容量の制限という制約を設けて規定した記憶モデルです。分かりやすく例えると，自分の部屋に新しく入ってきた品物をその部屋のどの位置（長期貯蔵庫）に永久的にしまうのか，一度机（短期貯蔵庫）の上で吟味することを想像してください。ただし机の大きさには限度があり，あまりに大きい物や多くの異なる物を一度に置くと，それだけのものを整理して片付ける場所を探すのに時間がかかります。そうなればどうすればよいか分かりますね。記憶されやすい（学習効果があがる）ということは，片付けやすい処理をするということです。つまり，充分に吟味（処理）できる情報量のもの（雑多ではなく適量のもの）を扱うほうが，どこへしまうのか（整理するのか）分かりやすいのは当然です。記憶の処理も同じであり，処理できる適切な情報量のみを取り込めば，それだけ長期記憶へ転送されやすくなり処理のスピードも速くなります。さらに何度も繰り返すことが可能となる程度の情報量であることが，長期記憶へと転送されるのに良い条件となるでしょう。

　「転送」は，当然ながら何度も繰り返し処理（遭遇）することにより可能となります。何度も繰り返されることで格納されるべき場所へのアクセス経

路がより鮮明になるからです。つまり，自分の部屋のどこにその物を収納したのかが分かり，次回からそれを探すときにすばやく検索できるようになると想像してください。まとめると，繰り返すことでより検索経路の軌跡が強化され固定化することになるということです。

　定着のもう一つの条件は，ネットワーク化です。語彙情報は脳内でネットワーク化され保存されていると考えられています（門田 2003）。ネットワークの観点から言えば，語彙が定着するということは，既存のネットワークに新情報を組み込むということです。長期記憶に既に存在しているネットワークに新情報が組み込まれることでその記憶が固定化すると考えられます。部屋に例えると，しまうべき場所が定まっていないと，なかなか整理できないのと同じで，取り込んだ情報を組み込むネットワークが想起できないとその情報は固定化されにくいのです。そうなると，既に長期記憶にある情報と新たに入力される情報とを照合し関連付けるといった情報処理が必要となります。このような既に持っている情報を想起し関連付ける記憶処理の効果はスキーマ理論とも呼ばれ記憶研究では多く実証されています。スキーマとは既に脳内に構築されている知識体系と考えてよいでしょう。例えば，提示された単語をそのまま覚えるより，自分自身でそれを使って物語を作って覚えた方が記憶に残りやすい自己生成精緻化と呼ばれる記憶効果も，スキーマを有効に利用した学習効果でしょう。またその原理から言えば，外国語を学ぶ場合は既に母語で概念体系が確立されている場合が多いので，母語を介して外国語の語彙情報を概念とリンクさせるほうが記憶されやすいでしょう。これは学習者のレベルにもよりますが，実際に母語による単語の理解の機会を与えるほうが，外国語だけで理解するより，記憶に残るということを示したデータもあります（Laufer & Shmueli 1997）。つまり，検索回路が多くなる（その物を部屋で探すアクセス・ルートが複数ある）情報のほうが，検索速度も向上しいつでもアクセスしやすい記憶情報となることから，新項目を既存の情報に多岐にわたりリンクさせて記憶するほうが，記憶されやすくなるということです。

　以上のように記憶研究の見地から，単語の定着とは何かを考えた場合，それは長期記憶の語彙ネットワークを構築し，一つ一つのリンクを強化させることだといえるのです。

1-2. リストによる英単語学習と文脈による英単語学習

　いくら単語を覚えたといってもスペルに対応した日本語訳（意味）だけを覚えれば，それで使える単語になるのでしょうか。一つの単語に付与された

情報は，その意味だけではなく，それがどのように綴られるか，どのように発音するのか，品詞は何か，どの単語と共によく使われるか（コロケーション），どういう状況で使われるか，など実に多くの側面があります（Nation 2001 を参照）。意味と呼ばれるものを一つとっても，一つの単語は使われる文脈が変わるとその意味の捉えられ方も変わります。先ほどの記憶容量制限の観点から考えれば，1項目（一つの単語）に対してこれらの情報を一度に取り込むことは処理の負担が多くなり，長期記憶に転送しきれないことは，想像がつくでしょう。だからといって，これらの付与される情報ごとに学習するのも手間がかかります。これらの情報を一つ一つ覚えた後で，学習した単語に付与される情報として，最終的に全て集約することも相当の努力が必要です。

　取り込みの段階では，できるだけ少ない情報処理で済ませるほうが記憶されやすいことは，先ほど述べました。そうであるなら，外国語の単語の場合は，スペルや発音の仕方にも慣れていないのだから，単語の核となる代表的な意味のみを記憶することで精一杯となるでしょう。そうなると，その単語に付与される他の情報については，やはり読書やコミュニケーションを通して実際に文脈の中でその単語と遭遇することで，自然に学習していく必要があります。例えば，教科書のなかで何度も同じ単語に，その都度異なる文脈で遭遇するなかで，その単語に対して多角的な知識が習得できることは，皆さんも英語学習経験からわかるのではないでしょうか。多読をすることで，既に学習した単語の様々な意味が理解できるようになります。

　核となる意味を覚える単語学習は，意図的にその単語を覚えるので顕在学習（explicit learning）と呼べるでしょう。多くの方に馴染みのある単語帳などを利用したリスト学習が代表的な例です。単語帳はリストの中央に挙げ

図2　一つの単語が持つ様々な情報（単語の多角的な知識）の学習

図3　単語カード（左）と単語帳（右）

られている単語は覚えにくいという欠点がよく指摘されます。その代わりに常に順番を変えながら，繰り返し単語に対応する意味を覚えられる単語カードが，効果的な単語学習法として長く利用されてきました。

このような意図的な顕在学習に対して自然に単語の派生に関する情報を増幅させる後者の学習タイプは，潜在学習（implicit learning）という分類になるでしょう。つまり，本来覚える気がなくとも，また単語に意図的に意識を向けていなくとも，何らかの理由で，リーディングやリスニングの最中に自然と記憶している場合の学習です。この潜在的学習の是非については多くの研究と議論があります。まとめて重要な指摘だけを紹介すれば，以下になります。

1) 外国語の場合，母語の場合よりもインプットが不足していることもあり，潜在的に語彙が習得される条件になり難い。
2) 潜在的な学習とは，例えば辞書も引かないで文脈からの意味推論に頼り，単語の意味を学習するわけだが，研究によれば推論が成功する確率は非常に低いことが示されている（Hulstijn et al. 1996）。
3) 読んでいる文章の98％の単語を既に知っていない限り，正確な推論はできないと指摘されている（Hu & Nation 2000）。

これらの知見をまとめると，外国語の学習の場合，基本的な語彙数を顕在的学習により，まずある程度増やさない限り，潜在的な語彙学習からの恩恵も受けられないと言えます。つまり，潜在的な語彙習得だけに依存する語彙学習は効果的とは言えなくなります。ですが，顕在的な学習が外国語の習得には欠かせないからといっても，単語帳による学習だけに時間をかけ過ぎることは，効果的であると言えません。この点は英語教師の間では概ね共通の

認識となりつつあります。やはりリストで基本的な3000語を集中して時間をかけ覚える顕在学習を行いながら，徐々に多読を通してその単語と様々な文脈で遭遇する機会を増やす潜在的な学習に移行していくことが大切なのです。そうすることで単語の多角的な知識が広がる学習となるでしょう。第二言語の語彙習得では，当然ながらこの両方の学習タイプからの恩恵を受けていないと簡単には語彙数を増やせないのです。

　これまで行ってきた単語学習とは，このように顕在的に学習する場合，また文脈を利用した潜在的な学習を利用した場合に分類されます。実際に日本の学校英語教育では読書やリスニング・タスクを通して単語に触れているのであり，皆さんはこの両方の学習から英単語を学んできました。しかし，日本語と同じように英語に触れているわけではないので，潜在的に学べるまでに至っていないのが現実でしょう。さらに，多読多聴をしていないならば，読書量やリスニングの量が不足したままになり，単にリストにより単語を一時的に記憶しただけの段階で終わっていることが多いと指摘できるでしょう。

　実際に，学校で実施されてきたほとんどの語彙学習方法は顕在的学習に依存し，潜在的な学習は不十分であり「使える語彙力」という点が徹底されてこなかったと言えるでしょう。例えば，単語帳で綴りと意味を一つ一つ覚えたり，リストされた単語と例文を読むことで，文脈上で実際にどのように単語の意味が変化するのかを理解するというものが，よく利用される単語学習の本の内容です。理論的には，顕在的かつ潜在的な学習の両側面を踏まえていると言えますが，「読み，聞く」といった言語受容のための単語理解をベースとした学習に終始していたと言えます。また文脈が与えられているとしても，母語で自然と行っているような本当の意味での潜在学習（例えば，多読をするなかで結果として単語を覚えている）と言えるには，限られた文脈情報しか与えられておらず，明らかにインプットの量（読む量や聞く量）が不足しています。

　さらに憂慮すべき点は，学習者が一つ一つの単語の意味解釈に時間がかかってしまい推論する余裕が持てないような習熟度の場合，たとえ沢山の本を読ませたとしても，潜在的学習の恩恵を受けることはできないという問題です。学習者が，実際に英文を読む最中に，文脈に適切な単語の意味を即座に引き出すことができなければ，読みながら意味の推測に注意を向けることができません。つまり，単語の意味を理解するだけではなく，同時に意味検索能力を高めておく必要があるのです。これまでの英単語学習は，こういった「運用面でどのような語彙力が必要とされるか」という観点に乏しく，単なる知識として各単語について代表となる日本語訳を記憶していくことに過ぎ

なかったという点は，反省すべきところでしょう。

2. これまでの英単語テストを検証する

これまでの英単語学習がどのような観点で行われてきたか，概観しました。ではこれまでの英単語力の定義はどのように捉えられてきたのでしょう。またそれがどのように測定されたのでしょうか。これまで主流となってきた語彙測定の観点は大きくは以下になります。

1) 語彙力は一つ一つの単語知識の蓄積によるものであるという考えのもと，語彙の知識面にのみ焦点をあて評価する。
2) その知識面を量と質の両面から分析し，語彙力を測定することが現在までの語彙力評価がたどってきた過程である。

その量的な語彙力評価，質的な語彙力評価とはいかなるものであったかを説明しましょう。

2-1. 語彙知識の量（広さ）の測定

語彙サイズ（vocabulary size）とは単語力を定義する一つの尺度です。文字通り，どれだけの単語を知っているのかを示します。つまり，一つの単語について最もよく使われる母語訳（核となる意味）を理解していることを前提に，学習者がどれだけの数の単語を知っているのか，その量を示す概念です。学習者の保持する語彙サイズが大きいほど，多くの単語を知っていることを意味します。

まずその語彙サイズの測定として重要な点は，サイズは各単語が実際に使用されている生起頻度（frequency）を基準としているということです。つまり，3000語知っているということは，使用頻度の最も高い単語から数えて3000語ほど知っているということを意味します。次に一つの単語を知っているという時に，接辞を伴い品詞が変化した派生語のなかでよく使われるものや三人称や過去形などの語形変化を伴う屈折語も含めて全てまとめて一語と数えるのか（例えば help, helped, helpful, helping, helpless も含めて一語とする数え方），それとも派生形も一語と数えるかで，数え方は異なります。前者はワードファミリー（word family）と呼ばれ，後者は見出し語（lemma）と呼ばれています。語彙サイズと言った時は，通例では主に word families を意味しています。

頻度順位の決定付けについては，信頼性のある語彙リスト（word list）に基づいて算定されています。例えば，膨大な英語語彙コーパスとしてよく引き合いに出される British National Corpus（BNC），高頻度語2000語のリストとしてよく利用される General Service List（West 1953）や学校教育で使われる教材に含む高頻度836語を扱う University Word List（Xue & Nation 1984），様々な教材で使われる570語をリストする Academic Word List（Coxhead 2000）などが代表的なものです。

この語彙サイズという尺度が必要となった背景には，もともと言語運用上でどれほどの単語を知っている必要があるのかを測定するという目的があります。従って，語彙サイズの研究では，その観点から習熟度と語彙サイズとの関係について議論されてきました。例えば外国語学習の場合，読解に必要とされる基本語となるのが3000語レベル（Laufer 1992），またはそれではまだ不十分で5000語まで必要（Hirsh & Nation 1992）とされています。また最近では，新聞を読んだり，映画をみたりといった学習者が日常生活で必要となる受容語彙は8000語（world families）近くになるという報告もあります（Nation & Beglar 2007）。

最も重要な点は，語彙サイズがどのように測定されるのかということですが，これについては Nation（2001）を中心に多くの研究データが紹介されています。主な測定ツールは Nation の開発した語彙レベルテスト（VLT：Vocabulary Levels Test）（1990年版と2001年版がある）と呼ばれるものです。これは英語学習者がどの程度の語彙レベルにあるのかを診断する目的で開発され，上記の代表的な語彙リストに基づき1000語，2000語，3000語，5000語レベル，そして大学語彙レベルと10000語レベルという6つの頻度順位のなかで学習者がどのくらいまでの語彙を知っているのかを測定します。

3000 word level
1. apartment
2. candle   a place to live
3. draft   chance of something happening
4. horror   first rough form of something written
5. prospect
6. timber

（Nation 2001；VLT3000語レベルより）

受験者は，何％正解しているかに基づき頻度1000語レベル，2000語レベ

ル，3000語レベル，5000語レベル，大学語彙レベル，10000語レベルといった具合に自分の語彙サイズレベルを知ることができます。語彙レベルテストでは，1000語単位で区切られたセクション毎にランダムに選ばれた30語の単語について解答します。また受験した全てのレベルの総得点を合計から換算して被験者の総語彙数が測定できます。

　近年，更なる改善のため語彙サイズを測る目的で作成された Vocabulary Size Test（VST）が Nation により2007年に公表されています（Nation & Beglar 2007）。VST は14までのレベル（各10問）があり，合計得点×100で語彙サイズを知ることができます。以下がその一例です。

　　2. stone：They sat on a stone.
　　　　a. hard thing
　　　　b. kind of chair
　　　　c. soft thing on the floor
　　　　d. part of a tree
　　　　　　　　（Nation & Beglar 2007；Second 1000-2000語レベルより）

　しかし，Nation の語彙サイズテストは，英語で定義が書かれている点が日本人学習者にとって自ずと難易度の高い理由となります。つまり，その定義自体が分からないとすれば，知っていたとしても解答できないという問題があります。また基づいている語彙リストは，日本人がよく使う英単語をカバーしていない可能性などが指摘されていることから，こういった問題点を改善し日本人学習者向けの語彙サイズ測定テストも開発されています（望月1998）。日本人向けに作成された北海道大学英語語彙表（園田 1996）を基に日本語の定義に適合する英語を選択肢から選ぶ形式で，語彙サイズを測定するテストを作成しています。望月テストは，7000語レベルまであり各レベル15問からなり1問につき2語を選択する形式です。以下がその一例です。

レベル3
　1. 巻き毛　　2. 肉，肉体
　　1）beach　2）curl　3）economy　4）flesh　5）glory　6）worker
　3. 警察　　4. 重さの単位
　　1）baggage　2）circuit　3）fool　4）poet　5）police　6）ton
　　　　　　　　　　　　　　　　　　　　　　（望月 1998, 52-53）

また最近では JACET8000 と呼ばれる頻度順位 8000 語から成る日本人向けの語彙リストが作成されています（相澤ほか 2005）。このリストには，日本人学習者が最も遭遇する可能性の高い英語を扱うという観点も加味されています。リストからランダムに選んだ語彙から上記のようなテストを作成すれば，日本人学習者向けにより信頼性のある語彙サイズ測定テストを作成することが可能となります。これらの語彙サイズテストについては，現在『筆記版語彙サイズテスト』と『パソコン版語彙サイズテスト』が作成されていて，相澤・望月（2010）の付属 CD-ROM で利用できます。

　語彙サイズで測定される語彙力と英語習熟度との関係は多くの研究で示されています。TOEFL のスコアとの相関が高い点（島本 1998）や読解力との相関が示されていますが（Laufer 1992），単語の意味の一側面のみを測定していることから本当にリスニングやリーディングで運用できる語彙力を測定しているか疑問であり，語彙サイズテストと英語力との相関は単に英語経験量を示す点も疑えないでしょう。語彙サイズテストは受容語彙が中心となるので，あくまでも語彙の一側面のみを知っていることが基準となっていることから，実際に使える語彙力という観点は欠如していることは疑いないでしょう。

2-2. 語彙知識の質（深さ）の測定（Read による語彙の深さの測定）

　語彙サイズという尺度より更に興味深い概念は，語彙の深度（depth）と呼ばれる概念です。語彙の深さとは，一つ一つの単語について「どれだけその単語のことを熟知しているか」を示す尺度です。語彙サイズは breadth であり，広さ（量）を示すのに対して，語彙の深さは depth であり，体積を示す点から語彙力の質的な側面に切り込んだ概念と言えます。単語の意味について，核となる意味しか分からない場合，当然ながら文脈上で柔軟に対応できる語彙知識とは言えません。文脈に合わせて使われている単語の意味を選択するには，その語彙の意味についてある程度柔軟に単語に付与された情報を検索する必要があります。一つの単語について関連した複数の意味を理解しているということは，その語についての情報がネットワーク化されていることを意味します。従って，語彙サイズに加えて語彙の深さがあるということは，学習者が持つ語彙ネットワークの様相を写しだすことから，より実用的な語彙力を前提とした概念と言えます。

　深さの測定については，様々な試みがなされてきましたが，最も有名なものは Read による Word Association Test（WAT）です（Read 2000）。このテストは，意味とコロケーション（連語）という観点から単語の知識の深

さを測定します。以下がその例です。

common

| complete light ordinary shared | boundary circle name party |

(Read 2000)

　左が類義語で意味が関連する語を選び，右がコロケーション（連語）に関して問うものです。正解は各ボックス1語や2語の場合があり受験者が推測で偶然に正解する可能性が低いように設定されています。そして，目標語（例：common）に対して合計4つの正解を選び40問から成ります。
　語彙の深さについての研究で非常に興味深い点は，語彙サイズ・語彙深度・英語読解力との関係についての研究です。Noro（2002）では，語彙サイズ3000語レベルまでは語彙サイズと読解力の関係が強く，3000語以上の学習者は深さを測定するテストとの相関が強くなると報告しています。つまり，習熟度が高まるにつれて，語彙ネットワークの様相が変容することを示しています。これは語彙の学習が進むにつれ語彙知識の基盤が構築されてから，ネットワークが広がる（深さが伴う）ことを示唆します。つまり，ある程度の習熟度がないと語彙習得の質も限定されたものに留まる可能性があり，語彙の深さというものが言語使用の頻度に伴って偶発的に獲得されるとすれば，基本語彙が欠如した状態（3000語以下）ではやはり読解などの実際の言語運用から単語の意味を増強させるという恩恵が受けられない可能性を示しています。語彙力の増強は，徐々に語彙知識が蓄積され，習熟度が増すにつれてネットワークが広がっていく逆三角形的であることが分かります。
　このように深さの測定によって，実用的な語彙力の実際により近づこうとする研究が行われていることは，非常に興味深い点でしょう。しかし，深さの測定の信頼性についての問題点も指摘されています。例えば，WATの連語の問題には，その単語に特化した連語ではなく一般常識として関連性がわかるものも含まれ（例：beautiful faceやbright colorなど），果たしてそれが特定の語彙の意味ネットワークかどうかといった点が明瞭ではないと言えます。またWATは形容詞のみを扱う点や「深さ」という概念の曖昧さからテストが何を測っているのか明瞭ではない点などが指摘されています（島本 2010）。これらの問題点を踏まえて，最近は語彙の深さを測る目的で，提示された複数の英単語の結びつきを受験者が示すなど，より語彙ネットワークのモデルに近い形で深さを測定する試みがなされているようです（島本 2010）。深さを測定するテストは語の多義性という側面に焦点を充て，文脈

に柔軟に対応できる語彙知識を測定しようとするものですが，語彙ネットワークでは，情報間の連結強度がその質を示すことから，オフラインによる時間の制限が緩い語彙深度の測定方法から得られるレスポンスからのみでは，実際のネットワークの様相を示す語彙力を反映できないでしょう。

まとめ

　語彙サイズと語彙の深さという観点は，語彙の知識を量と質の両側面から測定し，よりコミュニケーションに必要とされる実用的な語彙力測定に向けて開発されてきたと言えます。しかし，これまでの語彙力測定法はあくまで語彙の知識面に終始してきたと言えます。つまり，「使える言語能力」とは瞬時な言語処理であり，自動化された処理である必要があります。自動化された処理とは語彙のレベルでは瞬時な意味のアクセスです。これは言い換えれば，宣言的知識（顕在意識）から手続き的知識（潜在意識）へと知識の質を変容させることです。これまでの語彙テストでは，このようなコミュニケーションや読解の最中に文脈に適した語彙検索が瞬時に行えるか否かといった観点が欠如してきたと言えるでしょう。

2 今の時代に知っておくべき英単語力とは何か

概　要

　音声によるコミュニケーション能力の向上が，高校新学習指導要領でも，また実社会でも重要視されています。この能力の養成には，従来型の単語帳をつくって英単語に対応する訳語を覚えるような方法では対応できません。実際の言語使用という文脈の中で，すぐに類義語，反意語などを長期記憶から検索できること，さらにはどういった語と一緒に共起できるかわかることが重要です。このような英単語力の必要性・重要性について解説します。

キーワード

　正確さと流暢性（accuracy and fluency），パラディグマティックネットワーク（paradigmatic network），シンタグマティックネットワーク（syntagmatic network），顕在学習（explicit learning），潜在学習（implicit learning），フォーミュラ連鎖（formulaic sequence）

1．英語語彙の2つのネットワークとは？

　皆さんは学生時代，新しい英単語をどのようにして覚えましたか？単語帳をつくった，繰り返し紙に書いて覚えたという方もおられるでしょう。また，ほとんどの人が，英単語の意味を対応する日本語訳で覚えたのではないでしょうか？

　母語では，赤ちゃんは，単語を次の3つの段階を経て学習することが分かっています。

1-1．ラベリング（labeling）

　これは，ものに名前があることを理解し，それを何というか学習する段階です。

皆さんもヘレンケラー（Helen Keller）の話はよくご存じでしょう。彼女は、1歳になる前に、視覚と聴覚の両方を失いました。ほぼ初語を話す以前に、視覚および聴覚インプットが遮断されたことになります。そうすると、ことばの習得がストップしてしまいます。そして、私たちなら誰しもが身につけている、「ものにはそれを表す名前がある」という、当たり前の事実が理解できていませんでした。しかし、ある日、献身的な家庭教師のサリバン先生のおかげで、井戸水を手に浴び、同時に手のひらにつづられたものがこの液体じたいを表していること、すなわち「これがこの流れる液体の名前、water にあたる」ということがわかったのです。これがラベリングに相当します。

　ヘレンケラーの場合はこのラベリングの学習は非常に遅くなってしまいました。通常は、1歳から2歳の間に、爆発的に語のラベリングを獲得する時期があり、数多くの語彙を習得します。しかし、同じラベリングといっても、名詞については比較的早く習得しますが、動作を表す動詞については、その語の表す内容が、名詞よりも把握しにくいために、ラベリングの獲得が遅れるということが明らかになっています（今井・針生 2007）。

1-2. パッケージング（packaging）

　これは、ラベリングによってその名前を覚えた単語がどこまで適用可能なのかその範囲を特定し、それを習得することです。例えば、「ワンワン（dog）」という語を赤ちゃんが覚えたとします。その語が目の前で眠っているシェパードにも、どう猛に吠えているシベリアンハスキーにも、さらには手足の短いダックスフンドにも、マルチーズにもすべてに応用でき、同時にその語を「ニャーニャ（cat）」と区別して、それらの場合には当てはめないようにすることです。これも重要な語彙習得の一段階です。

1-3. ネットワーク構築（network building）

　これは、dog と cat、fox など、既に習得した単語と別の習得済みの単語とがどのような関係にあるかを理解して、単語同士のネットワーク構造を構築することにあたります。このような語彙ネットワークには、以下のような種類があります。
　①意味的な手がかりをもとにしたネットワーク：sell – deal
　②発音をもとにしたネットワーク：sell – cell、sail – sale（同音異義語）、
　　deal – seal（韻をふんだ語）
　③上位語・下位語：animal – bird – robin

これらの「縦の」つながりを総称して，パラディグマティックネットワーク（paradigmatic network）と呼んでいます。
　さらに，単語と単語が一緒に使えるかどうか，またよく使われるかどうかという，「横の」つながり（コロケーション：collocation）についてのネットワーク（例えば，practical purpose, disturb sleep はよいが flat purpose, disturb length とは言わない）もあります。これは，シンタグマティックネットワーク（syntagmatic network）と言います。
　単語と単語がどのようなネットワークを形成しているかを調べるのに最も簡単で，かねてより活用されている研究法に，語彙連想（word association）があります。かつて NHK でも連想ゲームという番組が好評でした。この語彙連想に関する実験から，大人の場合には，table, dark, send, deep などの単語に対して，chair, light, receive, shallow など，類義語，反対語，関連語などパラディグマティックな語を連想する傾向が強いことがわかっています。逆に，子どもの場合は，同じ刺激語に対し，それぞれ eat, night, letter, hole など，一緒に使えるコロケーションを形成するような連想が多く（例：eat at the table, dark night, send a letter, deep hole），シンタグマティックネットワークの方が，パラディグマティックネットワークよりも先に獲得されることが知られています（伊藤 2002）。このようにシンタグマティックからパラディグマティックなネットワークへシフトしていくのは，子どもの語彙に統語範疇（品詞）の意識が芽生え，上位・下位語，同位語などの階層構造の概念を習得するのに膨大な時間がかかることが原因ではないかと考えられます。

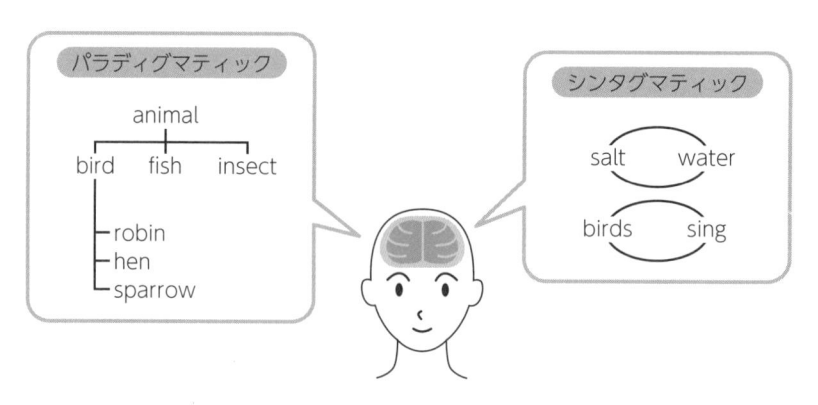

図1　パラディグマティックネットワークとシンタグマティックネットワーク（門田・玉井 2004）

母語（第一言語）を習得しようとしている赤ちゃんの場合は，(1)ラベリングや(2)パッケージングの獲得に多くの時間がかかることが予想できます。これに対し，日本語のレキシコン構築を既にほぼ完成した大学生など日本人英語学習者の場合は，パラディグマティックなネットワークは，母語を基盤にしてほぼ達成されています。しかし，特に問題となるのはシンタグマティックネットワーク（コロケーション）の習得になります。どの単語と単語が共起しやすいかといった知識は，明示的な顕在記憶（explicit memory）形成のための学習（顕在学習：explicit learning）により，語彙や文法をマスターしても，なかなか習得できないと考えられます。

2. 今求められている英単語力とは？

2-1. 語彙知識の広さ・深さとともに速さが重要

　語彙知識には，広さ（breadth）と深さ（depth）の両面があることは，これまでの研究により広く知られています（島本・中西 2003）。

　前者の広さとは，一般に語彙サイズ（vocabulary size）と呼ばれるものに当たります。学習者が，意味のわかる単語をどれだけたくさん知っているかという習得語数を指しています。これに対し，後者の深さとは，英単語について単に意味を知っているだけでなく，その語について，どれだけ深く知っているかという程度を示しています。

　例えば，Nation（2001）は，普段私たちが単語を知っている（knowing a word）という場合にそれが何を意味しているかについて，次の3つを仮定しました（門田 2002を参照）。

①単語の発音，綴り，内部構造など単語の形式面の知識（form）
②単語がどのような意味を持ち，何を指示し，さらにその語から，他にどんな語を連想するかといった意味に関わる知識（meaning）
③単語の持つ文法的な役割や他のどんな語と一緒に使われるかというコロケーション，どの程度の出現頻度を持ちどのような文脈において出てくるかという単語の運用に関わる知識（use）

　この3つの仮定をもとに，広さ・深さという2側面を測定するテストとして，Nation（2001）による A Vocabulary Levels Test（VLT）や，Read（2000）による語彙連想をもとにしたテスト（WAT）などが開発されています（第1部1章2を参照）。

　以上，語彙知識における，広さ・深さという二面性についてお話ししました。これらはともに，意識的に明示的に顕在学習を通じて習得されたもので

す。宣言記憶としての顕在的な語彙知識，言い換えれば語彙知識の正確さ（accuracy）の問題です。

しかしながら，語彙力は実はその語の意味などの情報が正確に長期記憶から検索できるだけでなく，いかに素早く，自動的にその情報が利用できるかという流暢性（fluency）が重要であることが分かってきました。そしてこの流暢性は，これまでのような明示的な顕在学習ではなかなか身につかないのです。

神経科学の立場からは，顕在記憶形成のための顕在学習（explicit learning）と潜在記憶形成のための潜在学習（implicit learning）とは全く異質のプロセスであることが分かっています。Hawkins（2005）は，両者の学習プロセスを表1のように特徴づけています。

一般に語彙力とは，英単語を何語くらい，どの程度深く知っているかという「語彙知識の広さ・深さ」を指しています。これらは，先にも述べましたが語彙レベル（サイズ）テスト，連想ネットワークテストなどで測定されます。これに対して本書では，語彙の知識をどれだけ迅速に効率的に利用可能か，語彙アクセスの速度を指標に入れた，語彙運用の「流暢性」の程度を「語彙運用力」と呼びたいと思います。そしてこの流暢性を測定しようとするのが，本書が提案するコンピュータ版英語語彙処理テスト（computer-based English processing test：CELP）なのです。この流暢性は，明示的な顕在学習ではなく，100万語多読など大量のインプットを処理する多読（extensive reading）・多聴（extensive listening）や，聴いた音声をもとに内的な音韻表象を形成し，それを発声するシャドーイングなどの繰り返し練

表1　顕在学習と潜在学習（Hawkins 2005 にもとづく）

(1) 顕在学習（explicit learning）
(a) 海馬を介した（hippocampal-dependent）学習
(b) 言語化できる意識的学習（subject to conscious awareness）
(c) しばしば1回だけで記憶（即時学習）が可能
(2) 潜在学習（implicit learning）
(a) 動作や技能など意識にのぼらない学習
(b) 何度も繰り返し実行することで，徐々に蓄積する（cumulative）タイプの学習
(c) 基本的には，海馬を介しない，新皮質（neocortex）による反復プライミング（repetition priming）による学習

習（反復プライミング）によって，初めて身に付く潜在学習を土台に獲得されます。

　上記のうち，多読に関連して，小林（2011）は，

①アクティビティをプラスした多読プログラム
②従来型の精読プログラムを多読にミックスしたプログラム

という成蹊大学における2つの授業実践の成果について報告しています。
　このうち，①の多読＋アクティビティの授業で取り入れたアクティビティとしては，(a)本の紹介・話し合い，(b)読み聞かせ，(c)速読，(d)小冊子の短い英文の読み，(e)ストーリーの続きを予測（prediction），(f)同じ本を読んで話し合う（shared reading），(g)音読（reading aloud），(h)アウトプットの機会を提供するライティング（free writing）などがありました。
　その結果，多読＋アクティビティの授業では，半年で学生一人あたり平均で12.6万語読破したのに対し，多読に精読を組み合わせた授業の一人あたりの平均は，5万語に留まったと報告しています。このことから，小林は，精読の導入が多読の量を確実に減少させ，多読を補う機能があるというより，多読の干渉要因となるのではないか。すなわち読む楽しみを奪うと同時に，精読の癖を多読に当てはめてしまい，精読も多読もどちらも中途半端になってしまうと考察しています。
　この原因としては，多読が手続き記憶形成のための潜在学習を促進するのに対し，精読は宣言的な記憶形成，すなわち顕在学習にしかならないことを認識する必要があると考えます。そもそもどちらも読解（リーディング）ととらえること自体が，問題ではないでしょうか。このように考えると，精続により多読への干渉が生じるのは当然ではないかと思います。もはや精読をリーディング活動としてではなく，文法・構文の知識，語彙の知識をつけるための学習方法だと位置づけるのが適当ではないでしょうか。

2-2. カギを握るのはフォーミュラ連鎖（formulaic sequence）

　門田（2006b）は，先に述べましたパラディグマティックとシンタグマティックの2つの語彙ネットワークのうち，日本人学習者にとってどちらの方がより処理・理解しやすい緊密な関係であるかを調べる実験を実施しました（門田 2006b：145-147）。
　参加者は，外国語として英語を学ぶ日本人大学生46名で，プライム語としてシンタグマティック－パラディグマティックな関係にある語，あるいは

無関連語を 200ms 提示し，何も表示しない画面（100ms）のあと，ターゲット語を提示しました。そして，プライム語とターゲット語がシンタグマティック，あるいはパラディグマティックな関係にあるときには yes，無関係なときには no の反応を求めるシンタグマティック−パラディグマティック関係判断課題を，CALL 教室を利用して行いました。

その結果，誤答率の分析では，特に統計的有意差はみられませんでしたが，反応時間でははっきりとパラディグマティックな語彙関係判断の方が，シンタグマティックな関係判断よりも速く実施できることが分かりました（図 2）。

以上の結果は，単語と単語が共起するか否かというコロケーションに関する判断は，多くの時間を要する困難なタスクであることを示しています。先に述べたように，単語と単語のシンタグマティックネットワーク（コロケーション）の習得は，顕在学習ではなく，多読・多聴や，シャドーイング・音読などの繰り返し（反復プライミング）による潜在学習が必須です。従ってインプット量の少ない日本人学習者には極めて困難なタスクになることが理解できるのではないかと思います。

このようなコロケーション，さらには，熟語・イディオムを含め，偶然の確率を超えて出現する高頻度の単語連鎖を，フォーミュラ連鎖（formulaic sequences：FS）と呼んでいます。これは，発話を組み立てるプレハブ（prefabricated block）の役割を果たすものではないかと言われています。すなわち，

　The thing / fact / point is that ...
　That reminds me of the time when ...
　I think it important to do ...

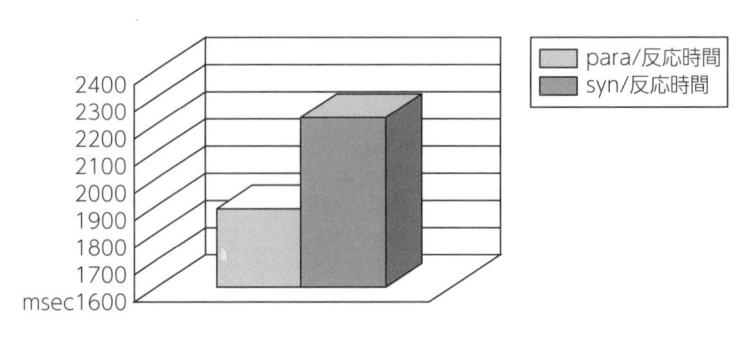

図 2　パラディグマティック・シンタグマティック判断における反応時間（門田 2006b, 147）

のような決まり文句や，kick the bucket，rain cats and dogs などのイディオムなど，ちょうどプレハブ住宅を建てるときに，半ば組み立てられた建材をもとに家を建てるのと同じで，このほうが，話し手にとって，文産出の認知負荷を軽減させ，自身の話の内容に注意を集中させることができるようになります。このような頻度の高い語連鎖は，言語処理や言語獲得において中心的役割を果たしているのではないかという主張があります。事実，フォーミュラ連鎖について，Wray（2002）は「言語運用の際に全体として貯蔵され，検索される単語連鎖（a sequence of words）」と定義しています。

Isobe（2011）は，日本人英語学習者（大学生）が，上記のようなフォーミュラ連鎖を，上記の定義のように，心の中で全体として一つの単位として処理しているのかどうか検討するために，複合動詞句（multi-word lexical verbs）を用いて，語順の適格性の判断をしてもらった実験について報告しています。

実験協力者は，日本人大学生 51 名（上位群 26 人，下位群 25 人）でした。彼らに対し，次の 3 タイプの英語の単語連鎖を提示しました。

①フォーミュラ連鎖（FS）：British National Corpus で語連鎖としての出現頻度が高い 50 連鎖を採用。（例：agree with, look forward to, sit down など）
②非フォーミュラ連鎖（NonFS）：FS 中のキーワード 1 語のみを入れ替えた語連鎖 50 項目。（例：hurry with, look outside to, fly down など）
③非文法的な単語連鎖（UnG）：FS で使用した項目以外の高頻度連鎖の語順を無作為に入れ替えた非文法的語連鎖 50 項目。（例：with begin, with have trouble, down knock など）

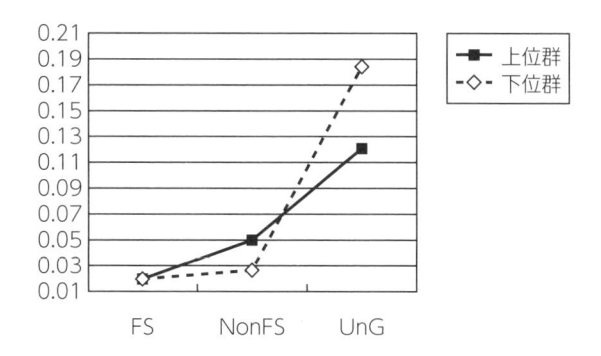

図 3　各単語連鎖の語順適格判断における誤答率 (Isobe 2011)

そして，PC画面上に視覚提示英単語連鎖に対し，その語順が妥当かどうかをできるだけ速く正確に判断することを求めました。

1要因分散分析と多重比較検定の結果，次のことが分かりました。

①誤答率に関しては，FS・NonFSと，UnGとの間に有意差が認められる。

②反応時間では，FS, NonFS, UnGの3種類の連鎖間すべてにおいて統計的有意差が存在する（FS < NonFS < UnG）。

③上記①②の結果は，上位群，下位群のいずれにも等しく見られる。

これらの結果は，外国語として英語を学ぶ日本人大学生による英単語連鎖の処理が，フォーミュラ連鎖（FS）の場合と，非フォーミュラ連鎖（NonFS）の場合では異なることを示しています。すなわち，フォーミュラ連鎖の場合には，その構成要素を1つ1つ処理するというより，1つのユニット全体として処理することを示唆しているのです。

このように，フォーミュラ連鎖（formulaic sequence）に関する研究は，第二言語習得においてはまだ始まったばかりです。しかし，実は母語（第一言語）の処理や習得で重要な役割を担っているという指摘，考察はこれまでも様々な研究者により行われています（Peters 1983, Wray 2002, Schmitt 2004）。今後，英語あるいはそれ以外の第二言語の習得において，フォーミュラ連鎖に着目し，その習得を目指す学習法としてはどのような方法が適しているか，実証的な観点から大いに検討する必要があります。しかし，わが国の従来の中心的学習法である顕在的な学習だけではこれを達成することは困難です。熟語，イディオムなど，それ自体1つのユニットとして常に機能するようなものは，明示的な顕在学習もある程度可能ですが，コロケーションなど，偶然の確率を超えて出現する英単語連鎖を習得するのは，顕在学習では困難です。ましてや，どれだけ迅速に英単語に対してアクセスできるか

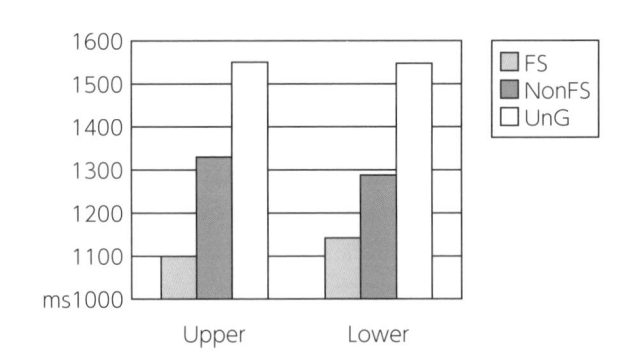

図4　各単語連鎖の語順適格判断における反応時間 (Isobe 2011)

という能力を獲得することは，なかなか簡単には達成できるものではありません。多読・多聴や，シャドーイング・音読の繰り返しトレーニングにもとづいて，「知っている」を「できる」に変える「流暢性（fluency）」の獲得を目指した，反復プライミングによる潜在学習が必須になってきます。そしてこれが，英語運用能力獲得のカギを握るのです。このような流暢性の程度を，特に語彙処理に絞って測定しようとするのが，本書で提案するコンピュータ版の英語語彙処理テスト（CELP Test）なのです。

＊本書は，平成19年度～平成21年度科学研究費補助金〈基盤研究（C）〉研究成果報告書第二言語における語彙処理と文処理のインターフェイス：日本人英語学習者への実証研究（The Interface between Lexical and Sentence Processing in L2：An Empirical Study of Japanese EFL Learners）（課題番号：19520532）〈研究代表者：門田修平〉における研究成果の一部をもとにしています。

3 「使える」英単語はどのように測ればよいのか

概　要

　最初に，「使える」英単語とはどのような単語のことをいうのかについて，視認語彙との関連で解説します。次に，どのようにしたら「使える」英単語を身につけることができるのかを手続き的知識の獲得の点から考えます。最後に，単語認知テストを使って測定された反応速度によって，語彙の自動化をどのように確認することができるかについて解説します。

キーワード

視認語彙（sight vocabulary），手続き的知識（procedural knowledge），意味の転移（transfer of meaning），意味の再構成（restructuring of meaning），反応時間（reaction time），単語認知の自動化（automatic word recognition）

1.「使える」英単語とは？

　これまで詳説しましたように，従来語彙の知識とは，単語の意味を「知っている」ことを指していました。ある単語の問われた意味（sense）を知っていれば，知っている単語として数えられてきました。多義語の場合でも，問われた意味以外の意味を知らなくても，知っている語として数えられるのです。このように測定された語彙の数量が「語彙サイズ」とか「語彙知識の広さ」と言われるものです。その他に，単語を「知っている」とは，その単語の多くの意味を知っていること，その単語を形成する接頭辞や接尾辞などの接辞に関する知識，その単語が他の語と共起して使われるコロケーションに関する知識，その単語の前後にくる単語の文法的特徴に関する知識など，多くの語彙の質的な特徴を含んでいます。このような語彙の質的な知識は「語彙知識の深さ」と呼ばれます。このような語彙知識の広さと深さは，認

知心理学では，宣言的知識（declarative knowledge）と呼ばれ，長期記憶として蓄えられます。同じようなスキル活動を行う時，記憶からこの蓄えられた宣言的知識を呼び出して理解することになります。この宣言的知識はリーディングやリスニングなどの言語技能との相関も高く，そのような言語技能と語彙力は密接な関係があることが実証されています（Nassaji 1998, Qian 2002, Noro 2002）。

最近では，「使える」英単語が重視されてきています。この背景には，コミュニケーション能力養成が叫ばれていますが，コミュニケーションに役立つ4技能の能力を伸ばすことができていないという現状があるからです。リアルタイムで言語処理ができる「使える」英単語の力がついていないことが，その主たる理由の一つと考えられます。話したり・書いたりする場合，表現したい意味や概念を示す適切な単語や語句を意識的に想起しようとしますが，正確に，速く引き出すことができません。聞いたり，読んだりする場合も同様です。英単語の音声を聴き，文字を見てそれが何という単語かを同定するのが不正確で・遅いだけでなく，文脈にあった意味概念を即座に浮かべることができないので，どうしても流暢なリーディングがなされません。英単語が「使える」とは，英語の母語話者のように，英語の単語を見たり，聞いたりしたら，意識しなくても即座に自然に意味や概念を浮かべることです。また意味や概念が浮かぶと同時に，適切な単語や語句を想起できることです。

2. 視認語彙（sight vocabulary）とは？

このようにリーディングでは，何度も何度もある単語に触れていれば，分析しなくても（文字と音声の関係を示すフォニックスの知識を使わなくても），その単語を見て，この単語だとわかるようになります。このような単語を視認語彙（sight vocabulary）と言います。第一言語話者の場合では，ある語が視認単語になっているかどうかを評価するのに，その語を一瞬見せて（1000ミリ秒（1秒）以内の提示），その語を口頭で言わせることが行われます。正しく言えれば，視認語彙になっていると言えます（Shanker & Cockrum 2009）。1秒以上提示すると，文字情報を分析して読みますから，視認語彙とは言えなくなるとしています。Defior et al. (2002) によると，文字と音声の関係で透明度の高いスペイン語の話者を被験者にして音読実験を行ったところ，4年生になると，数字を読む反応時間（音読潜時）と単語を読む反応時間が等しくなることが明らかになりました。この時点がsight wordに変化する頃であることを示唆しています。「英語の母語話者が小学

校1年生から英語の読みを習い始め，3，4年生ごろ単語の読みは自動化される（Adams 1994）」のと時間的に一致しています。Aaron et al. (1999) の実験によると，700ミリ秒前後で文字を読む反応時間と単語を読む反応時間が同じになり，その後文字を読む時間と単語を読む時間は並行して速くなっています。実験に使われる単語は頻度の高い単音節の語が使われる傾向にありますから，母語話者の場合，二音節や三音節の単語も含めると，音読潜時が700ミリ秒から1000ミリ秒ぐらいになるとsight wordになっていると推測できます。

　Koda (2005) は，第二言語におけるリーディングのことを考慮し，単語の文字列から音韻情報を引き出すことをデコーディング（decoding），単語の音声情報と意味情報を引き出すことを単語認知（word recognition）と区別しています。なぜなら，母語話者の場合，リーディングを習い始める時に，すでに聞き・話すことができるので，単語を音声化（デコーディング）さえできれば，すぐに意味にアクセスします。しかし第二言語話者の場合，書字体系の違いから単語の文字を見て瞬時にその単語だと同定するのが難しいだけでなく，語彙力が十分でないので，その意味にアクセスすることは一層難しくなるからです。このように，第二言語のリーディングにおいては，視認語彙とは単語を見て，意味にアクセスする単語認知までのことを考える必要があります。そう考えると，第二言語話者にとって視認語彙は流暢なリーディングのような言語処理に不可欠な要素であり，視認語彙を増やすには，母語話者のように英語に触れるかなりの努力が必要であるとわかるでしょう。また反応潜時が何ミリ秒になるとsight wordと言えるかどうかについては，英語の母語話者の反応潜時がよい目安になると思われます。

3. どうしたら英単語は「使える」ようになるのでしょうか？

　ではどうしたら英単語が「使える」ようになるのでしょうか。Anderson (1983) の思考適応制御（Adaptive Control of Thought：ACT*［アクト・スター］）モデルによると，図1に示すように，ACTシステムにおける認知活動は宣言的記憶（declarative memory），プロダクション記憶（production memory）とワーキング・メモリ（working memory）の3種類の記憶に基づいて行われます。宣言的記憶では，意味ネットワークという形で知識が長期的に記憶されます。プロダクション記憶では，システムによって実行される認知活動が手続き的知識（procedural knowledge）として長期的に記憶されます。宣言的記憶はknowing-whatの知識であり，口に出

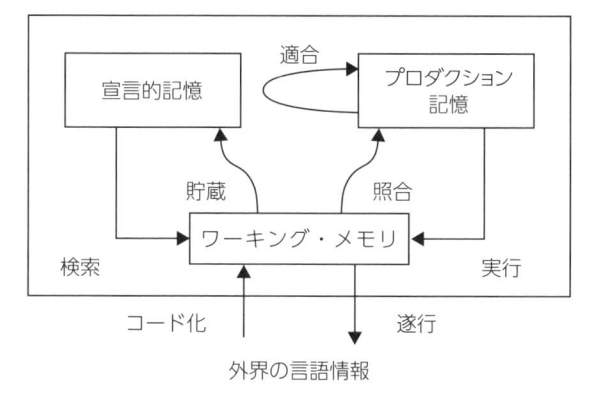

図1　ACTシステムの構成要素と相互関係（Anderson 1983）

して言うことができる知識です。手続き的知識は knowing-how の知識で，口に出して言えない知識です。ワーキング・メモリは，このシステムが同時に扱うことができる情報で構成されています。

　図1を使って，ACT システムの構成要素の相互関係について考えてみましょう。外界から言語情報（音声や文字で提示される語彙情報）が入ってくると，ワーキング・メモリの中で理解しようとします（この場合は文字情報や音声情報を意味に換えるので，デコーディングになります）。貯蔵とは理解した情報を宣言的記憶の中に長期的に蓄えようとすることです。同じ言語情報が入ってくると，宣言的記憶から意味情報を引き出して，その言語情報を理解しようとします。これが検索です。同時に，ワーキング・メモリ内の情報を「xならばyを行え」というプロダクションのルールとつき合わせることが行われます。これが照合です。照合されたプロダクションの実行部がワーキング・メモリに入る過程を実行と言います。照合と実行のプロセスをプロダクション適合と言います。何度も宣言的知識を繰り返し使うことによって，その度にプロダクション適合が行われ，手続き的知識として徐々に時間をかけて蓄積されていき，ついに手続き化，すなわち自動化されます。様々な文脈の中で単語を理解することによって，その語に触れたら，宣言的知識を検索しなくても，即座に間違えることなく，その語の意味にアクセスするようになるとの考えです。また Logan（1988）の事例理論（instance theory）によると，学習者は始め経験則で学習し始めます。例えば，英語では，"e" の前の文字 "c" は /s/ と発音され，"a" の前の文字 "c" は /k/ と発音されます。このような文字の組み合わせが出てくると，そのようなルールが何度も例示されることになります。文字を音声化する（デコーディン

グ）だけでなく，意味アクセスにおいても同様のことが言えます。例えば，strong coffee と学習し，その後同じような表現が出くわすと，coffee とのつながりで，この strong は「濃い」という意味が事例として頭に残ります。例示されるたびに，それらは事例として蓄えられ，記憶において徐々に強化されていきます。ついには，蓄えられた事例の想起はルールを当てはめるよりも速く行われるようになります。ルールの適用はうまくいかない場合のために保留されるようになります。二つの理論には違いがありますが，両方のモデルとも，自動的な処理とは，速くて・努力を要しない処理であり，そのためには，文脈の中で繰り返し練習することが必要であることを示唆しています。

4.「使える」英単語の測定法

4-1. 自動化測定のテスト

英単語が「使える」とは，英語の単語を見て自動的に単語が認知できることです。単語認知（word recognition）とは，単語の活字から語彙情報を引き出すことです（Koda 2005, 29）。実際には，文字情報を音声または意味に変換します。この活字から音声や意味を引き出すことがテキスト理解の基本的要素です。英語の母語話者の場合，単語認知力を測定するのにネーミング（提示された語を音読する）という手法がよく使われます。この理由は，既に（「［使える］単語とは？」の節）で解説したように，本を読み始めたとき文字情報を音声化できたら自動的に意味にアクセスして，テキストの意味が理解できるからです。英語の母語話者の場合デコーディング（音韻情報を引き出すこと）すれば意味にアクセスするので，デコーディングと単語認知は同等に考えてもよいわけです。逆に第二言語話者の場合，デコーディングと単語認知は異なるものです。特に第二言語の初級学習者は文字情報をつかみ，音声化するだけでも困難が伴いますし，たとえうまく音声化できても，語彙の知識が不十分で，日本語の訳語を想起してから意味にアクセスするまでには時間がかかることが考えられます（Kroll 1993）。単語認知は，正書法処理，音韻処理，意味論的処理，統語論的処理，メンタルレキシコンへのアクセス，形態素処理で構成されており（Grabe 2009, 24-27），その処理に慣れることは容易なことではありません。リーディングの基盤をなす要素の単語認知においても，流暢な母語話者（L1）の読み手はテキストで出くわすほとんど全ての単語を自動的に処理ができます。第二言語のリーディングでも，流暢な読みがなされるには，上記で述べた単語認知を構成する処理技

能が正確で，高速で，自動的でなくてはなりません。また正確な単語認知がなされるにはメンタルレキシコン内に十分発達した語彙知識が必要です（Perfetti 2007）。

　以上のことを考慮すると，単語を正確に，速く，自動的に処理できる力を測定する語彙テストが必要となってきます。従来の語彙テストは語彙知識の広さや深さという宣言的知識を測定してきましたが，効率的な単語の運用力を見るには，速さを加味した手続き的知識を測定するテストが必要です。本研究グループで開発したコンピュータを使った語彙処理テスト（CELP Test: Computer-Based English Lexical Processing Test）は単語の意味にアクセスする正確さと速さを測定するテストです。まずプライム語を提示して，それからターゲット語を提示します。ターゲット語を提示してから，意味的に関連があるかどうかを判断するのに要した反応時間をコンピュータで測定します。正答した語の反応時間を使って単語認知がどれ位速く・正確になされたのかだけでなく，単語認知が自動的であったかどうかを知るために利用しようとするものです。

4-2. 自動性の特徴

　その前に，自動化（automatization）や，自動性（automaticity）とはどのようなことなのかを明らかにする必要があります。まず自動化とは，「発達的な動的な過程を伴った技能の習得」という意味です。すでに紹介したAnderson（1983）は自動化（automatization）を，「意識され・コントロールされる宣言的知識の処理が，練習を重ねるにつれ，速く・意識することなく行われる処理へと移行すること」と捉えています。また，Logan（1988）の事例理論（instance theory）によると，自動化されていない場合，タスクは経験則やルールに基づいて行われますが，経験や練習を積み重ねることによって，その事例は記憶の中でより強くなり，蓄えられた事例はルールを適用するよりも速く想起されるようになります。両理論とも自動的な処理をたやすい（effortless），速い（fast）処理と見なすので，単語認知のようなタスクにおける反応時間は減少することになります。

　一方，自動性とは技能が習得された状態のことをいいます。自動性がL1読解研究の理論的枠組みとしてはじめて使われたのは，LaBerge & Samuels（1974）が人間の認知容量（cognitive capacity）には制約があるという考えを読解プロセスの説明に利用した時だと言われています（Stanovich 1991）。LaBerge & Samuelは認知プロセスの中で単語認知と認知負荷のない自動性を結びつけ，単語認知が認知容量（処理資源とか注意資源とも呼ばれる）を

ほとんど使わないで自動的に行われるのであれば、流暢な読解ができるのではないかと考えました。LaBerge & Samuels の唱える自動性の主なる特徴は強制執行（obligatory execution）ですが、その後、多くの研究者が自動性を様々に定義しました。例えば、Grabe (2009, 291) は自動性を「速く（fast）、あまり処理資源を使わない（relatively resource-free）、干渉を受けない（not subject to interference）、無意識な（unconscious）、抑えることが難しい自ずとでてくる（hard to suppress）」と、定義付けています。Segalowitz (2003, 385-94) は自動性の特徴として、「速い（fast）処理、途中で止められない（ballistic）処理、負荷に影響されない（load independent）処理、努力を要しない（effortless）処理、無意識になされる（unconscious）処理、（規則に基づく処理から）事例に基づく処理、（自動化された処理の場合）処理に要する脳の領域がより小さくなること」を挙げています。身近な例で言うと、車の運転をし始めた頃は、注意資源はギアを握る手や、アクセル・ペダルやブレーキ・ペダルを踏む足に向けられ、ラジオの音が邪魔になるが、慣れてくるとこの処理は速くなり、同乗者と話しながら、ギアを切り替える手やアクセル・ペダルとブレーキ・ペダルへと足が無意識に動くようになります。この最後の状態が自動化された状態です。

4-3. 変動係数による測定法

　Segalowitz & Segalowitz (1993) は自動性の持つ幾つかの特徴のうち速さに注目し、単語処理のスピードアップと自動的な単語処理とは質的に異なるもので、それらを区別しようとしました。Favreau & Segalowitz (1982) は、バイリンガル話者の読解速度がL1と第二言語（L2）で同じ場合、L2の単語認知は自動化されていましたが、L2の読解速度がL1の読解速度よりも遅い場合、L2の単語認知は十分自動化されていなかったことを明らかにしました。Segalowitz & Segalowitz (1993) は、「スピードアップ」とは技能習得の最も初期の段階においてタスク遂行に関係するすべての構成要素の「処理の高速化」である、と言っています。それに反し、処理の自動化とは読解構成要素の連続的なプロセスの遂行が、再構成され、習慣化され、迂回され、質的に異なった処理になることをいう、と説明しています。L2の単語認知についていえば、自動化された処理とは活字化された単語が音韻符号化やL1に翻訳するという処理を経由しないで、直接意味にアクセスすることを言います。実際には、単語認知の構成要素の処理には自動化されたメカニズムと制御されたメカニズムが混在すると想定されます。Segalowitz は、自動化された処理と制御された処理の相対的なバランスをどのように明確に

すればよいかと考え，反応時間を使ってL2学習者の単語認知の発達における質的な変化を測定する方法を提案しました（Segalowitz & Segalowitz 1993）。本人の単語認知の反応時間の標準偏差（standard deviation：SD）を平均の（mean）反応時間（reaction time：RT）で割った単語認知反応時間の変動係数（coefficient of variation：CV）を算出し，反応時間が減少した場合，変動係数を見れば，ただ単語認知速度が速くなったのか，それとも単語認識メカニズムが質的に変化したのかが判別できるとしています。

$$変動係数（CV）= \frac{標準偏差（SD）}{反応時間の平均値（mean\ RT）}$$

すなわち，タスクを行う前の単語認知のRTとSDがタスク後の単語認知のRTとSDに減少したとし，SDの減少がRTの減少以上のものである場合，自動化が進んだと考えます。式で表すと，$CV^{pre} > CV^{post}$ となります。CV^{pre} と CV^{post} の間に有意な差がなければ，単なるスピードアップと考えています。

Segalowitz & Hulstijn（2005, 374-75）は，お茶を入れる一連の作業を例にとって，変動係数とは何かを分かりやすく説明しています。50回お茶を入れる行為をビデオに記録して，そのプロセス全体にかかる平均の時間と標準偏差の平均を算出することができます。お茶を入れるプロセスを構成する幾つかの動作――例えば，沸かすのに水を準備する，コップに湯を注ぐ，ティー・バッグを入れる，など――の時間を毎回測定し，各動作の平均の時間と標準偏差の平均を算出します。次に新しいビデオテープに元のプロセスの2倍の速さで再録画したとすれば，お茶を入れる全体のプロセスにかかる時間は半分になり，標準偏差も半分になります。これがSegalowitz & Segalowitz（1993）の言う単なるスピードアップになります。仮に別のビデオテープでは，お茶を入れる全体のプロセスにかかる平均の時間が2倍の速さになり，平均の標準偏差がもとの標準偏差よりかなり少なかったとします。お茶を入れるプロセスを構成する動作が遅く，不安定なものから速く，安定した，効率的なものになったことを意味しています。この状態を，単なるスピードアップ以上の質的な変化が起こったと考えています。これが自動化された状態であると見ています。

4-4. 変動係数の評価

Segalowitz & Segalowitz（1993）は単語認知反応時間の変動係数（CV）を用いて，英語の運用能力の異なるESL学習者を被験者にして語彙性判断テスト（lexical decision task）を行いました。その結果，英語熟達度の高い

表1 反応速度を測定する四つのタスク (Fukkink, Hulstijn, & Simis 2005, 11)

	受容的	産出的
単語レベル	1. 語彙性判断	3. 語彙の想起
文レベル	2. 文の意味の検証	4. 文の組み立て

　学習者の場合，単語認知反応時間の標準偏差の値が反応時間の変化を上回り，変動係数に際立った違いがみられました。それに反し，英語の熟達度の低い学習者については，単語認知反応時間の標準偏差の値が反応時間の変化を上回ることはなく，変動係数に著しい違いがみられませんでした。その結果，英語の熟達度の低い学習者の単語認知は自動化されていないけれど，熟達度がある程度高くなると，単語認知の自動化が進むと結論づけました。

　Hulstijn, Van Gelderen, & Schoonen（2009）は，その後行われた七つの研究（Fukkink, Hulstijn, & Simis 2005 など）を検討し，オランダ人 EFL 学習者を対象に，2件の研究を報告しています。最初の研究は2年の長期にわたるもので，被験者は毎年21のテストを受けました。反応速度を測定するため，テストは，表1のような4種類のタスクで構成されていました。「語彙の想起」(lexical retrieval) とは絵を見て，その絵に対応する単語のスペリングの最初の文字をタイプするタスクでした。「文の意味の検証」(verification of sentence meaning) とは，ある文が提示され，その文の意味が意味のある文か無意味な文かを判断させるタスクでした。例えば，Most bicycles have seven wheels. は無意味文になります。時間経過と共に反応速度は速くなりましたが，変動係数（CV）が有意に減少したのは「語彙の想起」タスクだけでした。このことが最も重要な点です。変動係数（CV）と反応速度（RT）の間の相関も低いものでした。第2の研究は，Fukkink, Hulstijn, & Simis（2005）と同様単語認知訓練でしたが，自動化を確信させる結果は得られませんでした。両実験とも変動係数が自動化の発達の指針になることを支援する最小限の結果であったことを示しています。

　Schmitt（2010, 246）は，「語彙がより速く処理されているかどうか，どのような指導やインプットを与えることがそのような速さの伸びにつながるかを確かめるためであるなら，単なるスピードアップと自動化の区別は重要でないのかもしれない」と述べています。Hulstijn, Van Gelderen, & Schoonen（2009, 576）も，変動係数を使って自動化されているかどうかを知ることは，難しいかもしれないと指摘しています。何故なら，言語の習得の仕方を

考えると，知識を得ることと，その知識を処理する技能を身につけることを区別することは難しいからです。また，頭の中では技能の習得と知識の蓄積は区別できますが，現実のL2学習において，新語に触れることと以前に出てきた語に触れることが一緒に行われるので，知識の蓄積は技能の習得の一部になってしまうと，考えられるからです。

　それでは，CELPテストで得られた，反応時間を使って現在何ができるのでしょうか？　その点については，第3部1章で考えます。

4 脳科学からわかる「使える」英語力

概要

　最近，英語の学習・教育に，fMRI や NIRS を駆使した神経科学的アプローチが盛んになってきています。英語の学習・教育という認知的な営みの解明には，従来からの認知心理学的な知見だけではどうしても限界があることが分かってきたからです。本章では，ことばの宣言的知識と手続き的知識について現在の神経科学が何を明らかにしているか平易に解説し，それをふまえ，コミュニケーション能力の一環として心理言語学的能力を組み込む必要性を提案します。

キーワード

神経科学（neuroscience），宣言的知識（declarative knowledge），手続き的知識（procedural knowledge），顕在学習（explicit learning），潜在学習（implicit learning），心理言語学的能力（psycholinguistic competence）

1. 英語の学習・教育への神経科学的アプローチとは？

　近年，驚異の「右脳学習法」や，「英語脳」，「英語耳」といったキャッチフレーズが頻繁に聞かれるようになり，英語の学習や教育との関係で，脳科学からのアプローチが一種のブームになっています。しかしながら，これらのフレーズは，英語習得が十分にできていないという読者層に対する PR のためのもので，科学的な根拠には乏しいものが多いように思われます。
　例えば，英語母語話者や，英語・日本語の両方が堪能なバイリンガルの人の脳では，日本語モノリンガルの人の脳とはそもそも異なる脳内言語処理経路を使用しているとする「英語脳」の主張があります。確かに，日本人英語学習者が，学習途上にある英語（第二言語）を使用する際には，ふだん何気

なく使っている母語よりも，はるかに多くの心的努力（エネルギー）が必要です（これを認知負荷が高いと言います）。その結果，英語でも日本語でも，それが自在に操れる状態にある母語とは異なる脳内処理プロセスが第二言語学習者にみられることになります。つまり，脳の活性化の領域が言語野以外にも広がり，結果として英語母語話者とは異なる領域が活性化されることが予想できます。以下で紹介する大石（2003, 2007）による脳科学研究はこれを裏付けるデータを出しています。しかしながらこのことから，外国語として英語を使う際には，母語の日本語とは異なる脳内の責任領域（英語脳）が存在するという結論に至るのかどうかについては疑問の余地があります。

また，「英語耳」では，日本人が英語の聴き取りが十分にできないのは，日本語音声の周波数帯よりも，英語音の周波数帯の方が，はるかに高く，そのために高周波数帯の音声に適応できるように耳を慣らす必要があると主張されています。例えば，周波数帯については，女性の声は男性よりも，その平均値が高いことは一般によく知られています。しかしながら，男性にとって女性の声が同性よりも聞きにくいといったことは全くありません。人の可聴な周波数内であれば，問題なく知覚，処理ができるのです。

実際に第二言語（外国語）としての英語の学習・教育の研究（SLA 研究）において，脳科学（英語では neuroscience［神経科学］と呼んでいます）と言われる分野の知見や手法を応用した研究は，確かに多くの人の注目を集めるようになっています。これには，第二言語習得も含めて現代の言語研究が，実際に産出された言語資料を分析することで，言語の理解や産出を可能にする，人のこころの仕組みの解明を目指すようになったという背景があります。そして，この解明のためには，反応時間，眼球運動といったこれまでの実験心理学的な方法よりも，さらに突っ込んで脳の可視技術を駆使した神経科学的な方法の方が優れているのではないかという期待が込められているのです。筆者の知る限りでも，Ishikawa & Ishikawa（2008）による，英単語の意味・音韻アクセス研究や，Yoshida（2009）による，未知語（ウズベク語）の復唱による学習研究，Takeuchi（2008）による，音声インプットについて有声・無声情報の反復を行った際の処理研究などがあります。これらは，すべて fMRI という機器を活用したものです。

また，NIRS（光トポグラフィ）という機械もあります。これを活用したものとしては，木下（2007）による，英文処理時の認知負荷について検討した研究，大石（2003, 2007）による，英語のリスニング，リーディング時における英語熟達度の影響を調べた研究，学習ストラテジーやクローズ法についての脳活動を記録した竹内・池田・水本（2010）ほかによる研究，湯舟・

神田・田淵（2009）による，英文速読学習時の脳活動を順次記録した研究などがあります。

ここで，上記の fMRI とか NIRS といった機器について簡単に解説をしておきます。

従来，人の大脳の機能については，神経心理学（neuropsychology）と呼ばれる分野で，脳内出血，脳梗塞，脳腫瘍，交通事故による外傷などが原因で，大脳が一部後天的に損傷を受けた場合に，その損傷部位と，その結果生じる言語障害（language disorders）のタイプとを対応づける臨床研究にもとづいて，どういった機能がどのあたりに局在しているかが推測されてきました。その後，健常者（非障害者）を対象に，大脳の機能分化の研究にも使える，ブレーンイメージング（brain imaging）の手法が開発されました。主に次のようなものがあります。

① EEG（脳波：electroencephalogram）
② PET（陽電子放射断層撮影：positron emission tomography）
③ fMRI（機能的磁気共鳴画像：functional magnetic resonance imaging）
④ MEG（脳磁図：magnetoencephalography）
⑤ NIRS（近赤外分光法：near-infrared spectroscopy）＜別名：光トポグラフィ：optical topography）

これらのうち，③ fMRI は，人の体内の原子が，ミクロの磁石としての性質を持っていることから，強力な静磁場の中では，特定の共鳴状態を持つという特性を利用して，局所的な脳血流量の変化を記録するものです（林，桐谷 2007）。また，⑤ NIRS は，頭皮に装着した送光プローブ（図1）から近赤外光を照射し，それが頭皮，頭蓋を通過したあと，一部の光が反射して頭表まで戻ってくるのを別の受光プローブで検出する方法で，それにより血液中のヘモグロビン量を測定するものです。以上の詳細は，それぞれの専門書をご参照いただきたいと思いますが，簡単にその長所・短所なども含めて紹介したものに，門田（2010b, 117-23）

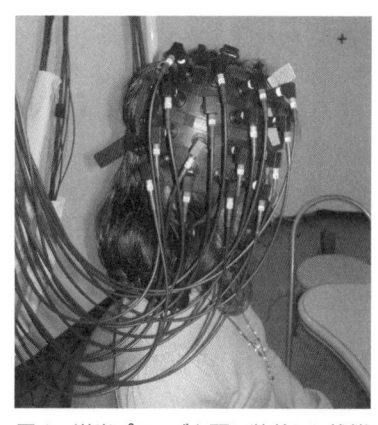

図1 送光プローブを頭に装着した状態

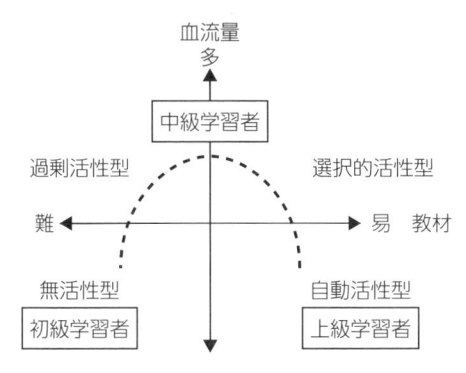

```
            血流量
              多
              ↑
         ┌────────┐
         │中級学習者│
         └────────┘
    過剰活性型    選択的活性型
         ╱ ̄ ̄ ̄ ̄ ̄╲
  難 ←───────┼───────→ 易  教材
        ╱          ╲
    無活性型      自動活性型
   ┌────────┐  ┌────────┐
   │初級学習者│  │上級学習者│
   └────────┘  └────────┘
              ↓
```

図 2　逆 U 字型モデル (大石 2007, 11)

があります。

　神経科学の観点から，第二言語の自動性と脳血流量（脳活動）との間にいかなる関係が成りたつのかについてアプローチしたパイオニア的な研究に，大石（2003，2007 など）による NIRS 実験があります。

　実験参加者は，外国語として英語を学ぶ大学院生および大学生 38 人（平均年齢 24.3 歳）で，彼らを TOEFL のスコアにもとづいて，初級（300〜400 点），中級（400〜500 点），上級（500〜620 点）の 3 群に分けました。そして，英語の文章の聴解（listening）および読解（reading）をしてもらい，その際の左大脳半球における血流量を NIRS により計測しました。聴解および読解の課題はそれぞれ，プローブを装着して 40 秒間の休憩，その後 40 秒間の課題，また 40 秒間の休憩というようにセッションを繰り返す形で実施されました。英文パッセージの提示後には，内容理解度テストを与え，また，理解した内容および理解の仕方を口頭で報告してもらうインタビューを実施しました。

　主な結論はまず，中級学習者が最も血流量が多く，初級者と上級者では減少するということです。言い換えますと，初級学習者から中級学習者になるにつれ，脳血流量は増えます。しかし，ある地点を境に今度は減少することがわかったというのです。この結果について，大石氏は図 2 に示す「逆 U 字型モデル」をもとに説明しています。すなわち，リスニング・リーディング時の脳の活性化が，初級学習者の場合は少なく，中級学習者で最大になり，その後，上級学習者ではまた少なくなることが，この逆 U 字型モデルでイメージされるというのです。

　このことと関連して次に言える結論は，日本人英語学習者に共通した脳の

活性化パターンとして次の4つがみられるということです。

　(a)無活性型：活性化しない
　(b)過剰活性型：全面的活性化
　(c)選択的活性型：角回，縁上回，ウェルニッケ野などが部分的に活性化
　(d)自動活性型：活性化しない

　以上の2つの結論は，第二言語における「自動化した処理」とは何かを考える上で大いに示唆を与えてくれます。つまり，第二言語の習熟度が高くないレベルでは，言語領域だけでなく，言語以外の領域も含めた脳の全面的な活性化がみられる（上記bのパターン）が，習熟度が進み，第二言語処理が自動化すればするほど，実は脳はあまり活動しない（＝活性化の程度が低い）ことを明らかにしているのです。事実，大石氏は，上記と同じ英文を英語母語話者に提示して，NIRSによる測定を行っても，あまり脳の活性化はみられないことを確認しています。

　大石（2007）による上記(a)～(d)の4段階のうち，最も学習が促進される，理想的な，選択的活性化状態(c)は，これまでKrashen（1982, 1985）などがそのインプット理論で唱えた「$i + 1$」レベルの教材をもとにした学習になると言っても差し支えありません。

2. 英語の語彙処理における行動データと脳科学データとの関係は？

　次に，本書がテーマとする英単語の運用能力に関連して，英単語処理の自動性（automaticity）に関する脳科学研究について解説しましょう。特に，提示された英単語がどのような意味であったのかを認知する場合と，同じ英単語の発音（音韻）がどのようなものであったかを認知する場合とでは，どちらの方が，より負荷の少ない，自動化したプロセスであるかについての研究結果を報告します。その上で，従来からの反応時間をもとにした行動データと，fMRIによるデータがどのように対応しているかについてお話ししたいと思います。

　まず，外国語として英語を学ぶ日本人学習者を対象に，視覚提示された英単語のもつ語彙範疇（品詞），音韻，意味といった情報の認知における負荷の程度を，反応時間をもとに調べた研究に，門田（2006a, 131-46）があります。

　この実験では，次の3種類の英単語ペアを用意しました。

1.「知っている」単語と「使える」単語はどこがどう違うのか　41

```
     toll
     fare
```

図3　英単語ペアの提示例（門田 2006a, 146）

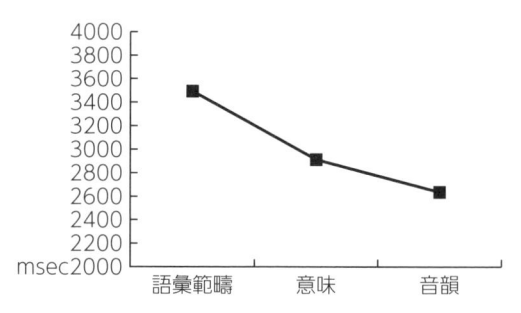

図4　英単語ペアの関係判断における平均反応時間（門田 2006a, 136）

①同じ語彙範疇（品詞）を持つ英単語ペア（cruel – pure など）
②類義語英単語ペア（mend – repair など）
③発音が同じ同音異義語のペア（right – write など）

　そして，これらのペアをパソコンのディスプレイ中央部分に図3のような形で2語を同時に視覚提示しました。
　そして，できるだけ速く正確に，ペアの2語の関係が，(a)同一品詞，(b)類義語，(c)同一発音のいずれであるかを判断するように指示しました。その結果，(a)品詞判断＞(b)意味判断＞(c)音韻判断の順に反応時間が短くなり，同時にその判断の正確性も向上する傾向があることが分かりました。図4は，これら3つの判断における反応時間の平均値をグラフ化したものです。
　これら3つの判断課題のうち，特に英単語の意味の認知と発音（音韻）の認知について，どちらの方が素早く正確に行われるかというテーマに焦点を絞った実験を繰り返し実施しました。その結果，いずれの研究でも，音韻処理の方が意味処理よりも，速く・正確に行われるというデータが得られました（門田［2006a, 136-146］を参照）。
　以上のように，英単語の音韻情報の認知の方が，意味情報の認知よりも，より速く正確なのは，英単語の音韻情報の検索の方が認知負荷の低い，より自動化された処理であることを示唆しています。そうすると，今度は，英単語を処理する際に，まず音韻情報を認知し，それを心の中で発音すること

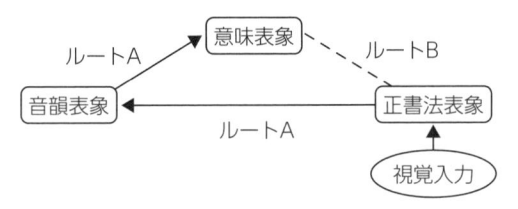

```
        ┌──意味表象◁┈┈┈┈┐
   ルートA    ルートB
   音韻表象◁──────正書法表象
           ルートA        △
                    視覚入力
```

図5　単語を見てその意味がわかるまでの改訂版二重アクセスモデル（門田 2007, 103）

（これを音韻符号化（phonological coding）と呼んでいます）が，その英単語の意味情報を理解するための前提になるのではないかと予測できます。

　事実，Kadota & Ishikawa（2005）は，視覚提示された2つの英単語が，意味的に関連しているか否かを求める「意味関連性判断」（semantic relatedness judgement）の課題を，外国語として英語を学ぶ日本人大学生に与えた実験結果について報告しています。実験の詳細はここでは省きますが，その結果，提示された英単語の音韻情報を認知することが，同じ英単語の意味情報の認知の前に自動的に生じ，これが意味処理の前提になることを明らかにするデータが得られました。すなわち，図5が示すように，

(1) 視覚提示された英単語の音韻情報の認知（これを音韻表象の形成と呼びます）の方が，意味情報の認知（これを意味表象の形成と呼びます）よりも素早い，より自動化されたプロセスである
(2) 音韻表象の形成とは無関係に意味表象の形成が行われるというルートBよりも，音韻符号化による音韻表象の形成が意味処理の前提条件になるというルートAが通常活用される，優先的な処理ルートである

ことを明らかにしています（優先的なルートであるAを実線，バックアップルートであるBを点線で表示）。

　以上のモデルをより分かり易く，実際にcoffeeという英単語を処理する際の心的プロセスをイラスト化したのが次の図6です（優先的なルートA実線，バックアップルートのBを点線で表示）。

　では次に，日本人英語学習者による音韻・意味の語彙処理について，神経科学の観点から，fMRIを用いて検証した研究成果（Ishikawa & Ishikawa 2008）についてお話ししましょう。ただし，この実験では，英単語は視覚提示ではなく，聴覚的に音声提示されました。

　この研究の主な検討課題は，次の2つでした。

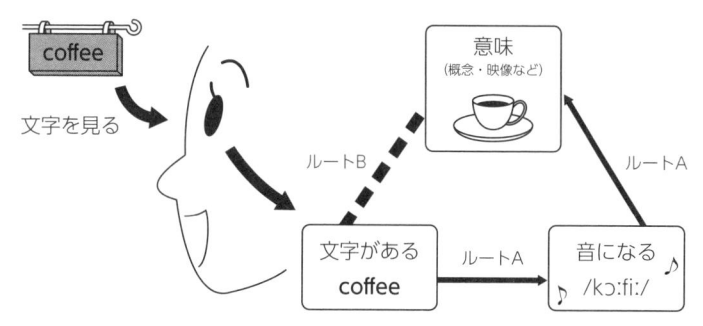

図6 単語を見てその意味がわかるまでの改訂版二重アクセスモデル（門田・玉井 2004, 47）

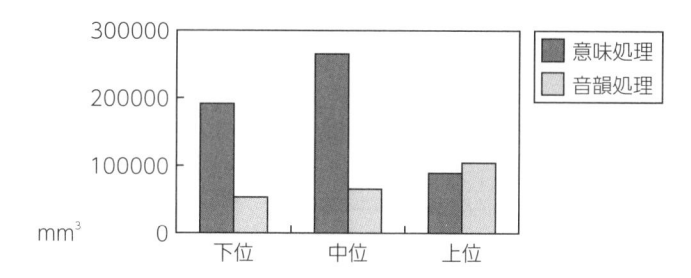

図7 下位・中位・上位群の意味・音韻処理時の脳賦活容積（Ishikawa & Ishikawa 2008, 135）

(1) 英単語の意味情報の認知をするのと，発音（音韻）の認知をするのとでは，どちらの方が脳活動が大きくなるか
(2) またその脳活動の程度は，実験参加者の英語の習熟度によって，どのように変化するか

実験参加者は，28名の日本人英語学習者で，彼らはTOEICスコアにより，下位（5〜495点），中位（500〜695点），上位（700〜990点）の3群に分割されました。大学英語教育学会選定8000語リスト（JACET 8000）の中の2000語から3000語レベルの語彙を聴覚提示しました。与えた課題は，次の通りでした。

(a) 2つの英単語を聞いた後，2語が反対語であるか反対語でないかを判断する意味処理課題（例：up, down であれば yes キー）
(b) 2つの英単語を聞いた後，2語が押韻しているかいないかを判断する音

意味処理（左半球）　音韻処理（左半球）

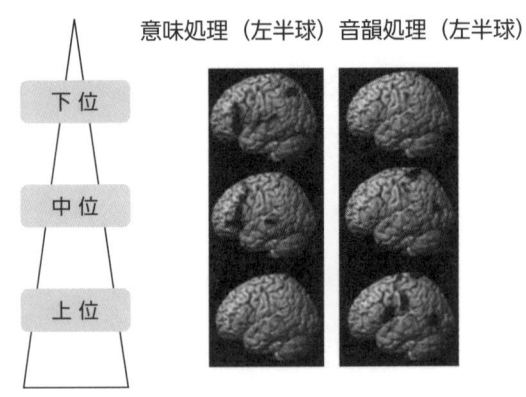

下位

中位

上位

図8　下位・中位・上位群の意味・音韻処理時の賦活部位 (Ishikawa & Ishikawa 2008, 136)

　韻処理課題（例：pick, kick であれば yes キー）
(c) 上記２つの課題と比較対照するために単にノイズを聞いてボタン押しをする統制課題

　図7は，意味判断（SPT）と音韻判断（PPT）の際の脳の活性化の程度（脳賦活容積：mm^3）を，下位・中位・上位の３群のそれぞれで比較したものです。比較から次のことが分かります。

(1) 全体として，音韻処理と意味処理では，脳の活性化の程度は，上位群を除き，音韻処理の方が意味処理よりも小さい
(2) 意味処理については，下位群から中位群になるにつれて賦活容積が増大し，その後上位群では大幅に低下する。これは，「逆 U 字型モデル」をほぼそのまま支持する結果になっている
(3) 音韻処理については，下位群から中位群にかけて賦活容積はほぼ横ばいで，上位群の場合にやや増大する傾向がみられる程度である

　また，図8は，左大脳半球による，意味処理・音韻処理の際の賦活領域を示したものです。
　意味処理については上位群の脳がほとんど活性化していないことがよく見てとれます。一方，音韻処理では，下位から中位・上位群へと習熟度が上がるにつれて，活性化している領域が増大していく様子がよく理解できます。ただ，どうも下位・中位群で，特に意味理解に関わる，縁上回（BA40）を

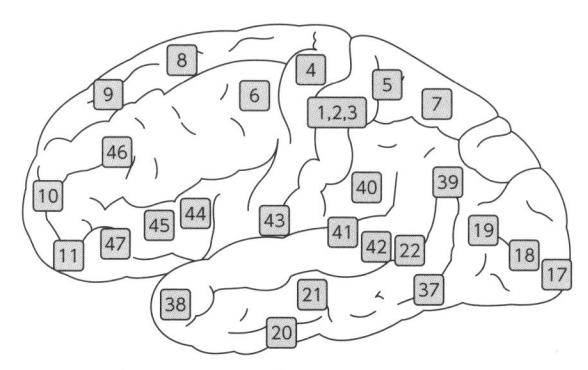

図9　ブロードマンの皮質領域；縁上回はBA40に相当

含むウェルニッケ領域の活動が不十分な点が示唆されているのではないかと思われます（図9）。この点について，あくまでも筆者の個人的な意見ですが，下位・中位群は，聴取した音声が，音響的に一部同じ部分があるか否かといった比較的低次レベルの処理（音響の違いに注目した非言語的な判断）に終始していた可能性があると思われます。

　以上，やや詳しく検討してきましたが，fMRIやNIRSなどの神経科学データは，反応時間を用いた従来の研究データを，原則的に裏づける結果になっていることが分かります。事実，現在までのところ，血流量など神経科学データは，反応時間を中心とする行動データによって得られた知見やモデルを，再確認しているものが少なくありません。血流量や酸化ヘモグロビン量など脳の活性化の状態を示すデータと，課題遂行までの反応時間データとは，このような「認知負荷」や「自動性」の問題を検証テーマとする限り，かなり一致した研究成果を提供しているのです。

3. 顕在学習・潜在学習とは何か？：英語の語彙学習の2形態

　英語の語彙の正確な知識はあっても，それが運用レベルに達していないことはしばしば指摘されています。本節では，英語の語彙知識の習得の前提となる，人の学習の基本的枠組みとして，顕在学習と潜在学習の2つを区別します。その上で，両学習法について現在の脳科学が何を明らかにしているか，その概要を解説したいと思います。

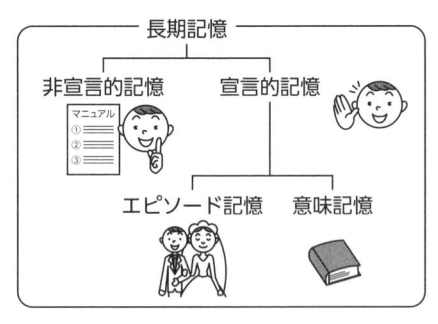

図10　長期記憶の分類（門田・玉井 2004，36 をもとに一部改変）

3-1. 顕在記憶と潜在記憶

　一般に私達の記憶（長期記憶：long-term memory）は，意識的な検索の対象になるかならないかという観点で，図10のように，宣言的記憶（declarative memory）と非宣言的記憶（non-declarative memory）にまず分類できます。これらはそれぞれ，記憶の意識的な操作ができるかできないかという点から，顕在記憶（explicit memory），潜在記憶（implicit memory）と呼ばれることも多くなっています。
　顕在記憶は，ふだん私達が一般に「覚えている」と自覚できる記憶です。従って，意識的に思い出そうとして，長期記憶の中から引き出すことのできる記憶です。そして，どのような記憶なのか，その中身をことばで他人に説明できる記憶で，宣言記憶と呼ばれます。個人の過去の「出来事」である体験を蓄えたエピソード記憶（episodic memory）とさまざまな個人的・社会的な事実に関する記憶である意味記憶（semantic memory）に分割できます。前者は，例えば，「先週の金曜日には院生と一緒に授業の打ち上げをした」というような出来事の記憶（思い出）です。また，後者の意味記憶とは，「パソコンとは情報処理のための機器である」とか「丼とはご飯の上に卵などの具をのせたものをいう」といった辞書や百科事典的な知識を指します。
　潜在記憶の代表格は，手続き記憶（procedural memory）です。技能・運動など，身体で覚えている記憶です。何度も繰り返し経験することで習得し，ふだん無意識のうちに実行しているものです（自転車に乗る，箸を使う，ピアノを弾くなど）。このような記憶は，それを習得した当初は，意識的に処理されますが，同じ処理を繰り返すうちに，無意識的かつ自動的に作動するようになる技能（skill）です。例えば，一流のスポーツ選手が必ずしも一流

のコーチ，監督になるとは限らないということがよくあります。いくら現役時代選手として優れた技能（手続き記憶）を持っていたとしても，その技能を選手たちに客観的なことばで伝える（宣言記憶）ことができなければ優れたコーチや監督にはなれません（小池ほか 2003，527）。

手続き記憶以外にも，潜在記憶には，知覚表象システム（perceptual representation system），条件づけ（conditioning：古典的およびオペラント条件づけ），非連合学習（non-associative learning：馴化および感作）などが区別されていますが，本書の議論の目的から外れますのでここでは省略します（詳しくは，Bear, Connors, & Paradiso 2007：726-727, 763-765 等を参照下さい）。

多くの母語話者にとって，普段使っている母語（第一言語）は事実上，潜在記憶（非宣言的な手続き記憶）になっています。これに対して，第二言語は，多くの場合，意識的な顕在記憶のレベルに留まっています。

しかし，英語など第二言語においても，この顕在記憶として覚えている知識を，手続き記憶など潜在記憶に転換することは実はとても大切です。意識的に検索・処理する知識を駆使している状態（例えば，who, whose, whom などの関係詞についての知識を思い出しながら関係詞を使った文を発しているなど）では，文の構築にあまりに時間がかかってしまい，実際のコミュニケーションで間に合いません。また，文を作って発することに注意を集中させた結果，意味内容が妥当かどうかを考慮するだけの心的資源（認知リソース）も残されていません。ちょうど，パソコンで非常に重いソフトを使ったために，新たにソフトを立ち上げるのが遅くなったり，フリーズしそうになるのと同じです。

3-2. 顕在学習とは何か？

一般に，私達がインプット情報を受け取ってそれを記憶するときには，それを知覚・理解することで行うほかに，体験・経験を通じて，場面（文脈）と連動したエピソード記憶（体験）として獲得することもよくあります。この後者の場合，インプット情報は，場面を除去する「脱文脈化（decontexualization）」を通じて意味記憶に変換されます。そしてその後，ゆっくりと時間をかけて，手続き記憶に変化するというプロセスをたどることが知られています（図11）。

英単語の例で言うと，学習者がはじめて遭遇してそれを記憶したときは，いつの授業のどの教材のどういった場面で出てきたのをどのようにして覚えたのかというように，そのときの文脈（状況）とともに記憶したとき，これ

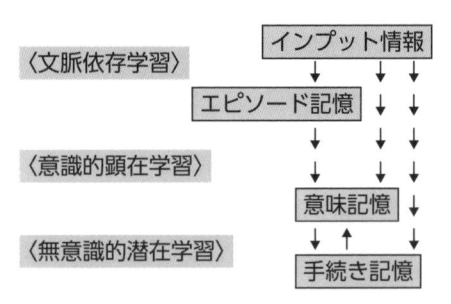

図11　インプット情報の記憶の推移：エピソード記憶から手続き記憶まで

がエピソード記憶として保存された状態です。定期試験直前の一夜漬けによって丸暗記した英単語は，エピソード記憶の状態に留まっていることもよくあります。試験時間中に，「あの単語の意味は教科書のあの挿絵のある，あのページの右側に書いていたけど，それを昨夜見たことまで思い出せるのに，肝心の意味が思い出せない」といった体験をしたことはありませんか。そのような記憶は，エピソード記憶段階にあり，意味記憶には至っていないと言えます。

　では，このエピソード記憶はいかにして，脱文脈化された意味記憶に変換されるのでしょうか。これについては，まだ十分な解答が得られていないというのが現状ですが，多様な状況下における反復によって脱文脈化され，意味記憶に転換されていくと考えられています（Smith 1988）。英単語の場合は，繰り返しその単語に様々な文脈で遭遇するという経験を積むことで，意

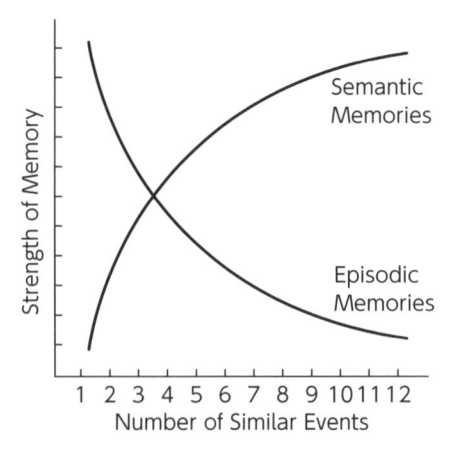

図12　類似した出来事の体験回数と意味記憶の関係 (Linton 1990, 109)

味記憶に繋がると考えてよいでしょう。Linton（1990）は，自分自身に起きた出来事（体験）を6年間記録し，その間毎月ランダムに取り出した2つの出来事の時間的順序やその正確な日時を思い出して書き留めるという，自身を被験者にした実験について報告しています。その結果，類似した出来事を繰り返し経験すると，それらの出来事の区別が徐々にあやふやになり，最後には文脈とともに覚えたエピソード記憶は消滅し，代わりにより一般化した意味記憶が定着することを明らかにしています（図12）。

　英語など第二言語における語彙の知識も，当初はその知識を獲得した文脈と切り離せない，「文脈依存的」な知識です。しかし，繰り返しそれらに遭遇し処理体験を積むことで，脱文脈化され，意味記憶として蓄えられるようになります。そうするといつでもどこでも，意識的に検索が可能な知識（意味記憶）として活用できるようになるのです。

3-3. 記憶の固定

　3-2では，顕在学習について述べましたが，この顕在記憶の形成において私達の脳内ではどのような変化が生じているのでしょうか。

　まず，外界から受けたインプット情報は，聴覚野，視覚野など大脳皮質の一次感覚野（sensory areas）にまず伝えられ，その後皮質連合野（association cortex）で処理されます。その後，大脳辺縁系に属する海馬（hippocampus）に送られ，そこに一定期間留まることが知られています。

　こうして海馬に取り込まれた情報は，平均1～2週間の間は，何かあると，すぐに忘れてしまったり，また変形してしまったりする，不安定な状態にあります。これを固定（consolidation）することで，記憶を安定した状態に変化させることが可能になります。海馬はこの情報の固定期に重要な役割を果たしていることがわかってきました。言い換えると，この海馬が機能しなくなると，私たちは新しいことが覚えられなくなってしまいます。

　よく知られた例に，健忘症（amnesia）と呼ばれる記憶障害があります。一例として，カナダ在住だったHMさんは，10歳の時よりてんかんの発作に悩まされ，高校卒業後，海馬を含む側頭葉内側部の切除手術を受けました。その結果，予期しなかった記憶障害になってしまったのです。IQは平均以上で，音韻ループにおける反復なども正常にでき，また手術前の記憶もほぼ問題がないのですが，「毎日通う病院への道順が覚えられなくなる」，「本を読んでも内容が記憶できず，同じ本を初めてのように読んでしまう」，「新たな単語や表現が覚えられない」，といったことに悩むようになったのです。つまり，昔のことは覚えていても，新しいことは覚えられず，すぐに忘

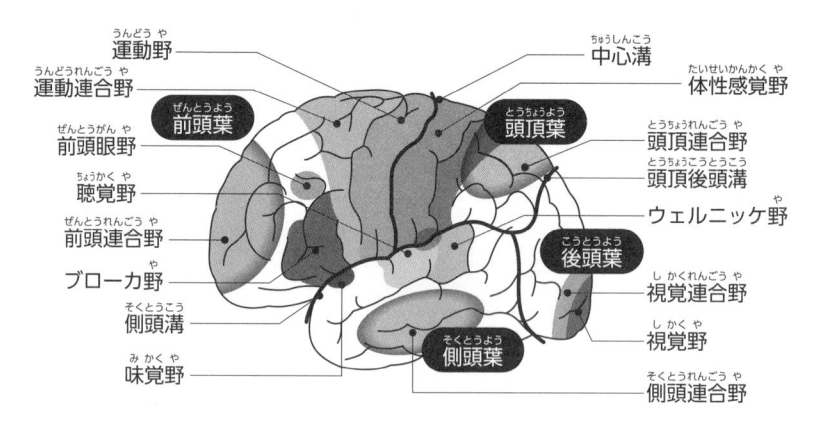

図13 感覚野と連合野（寺沢 2009, 27）

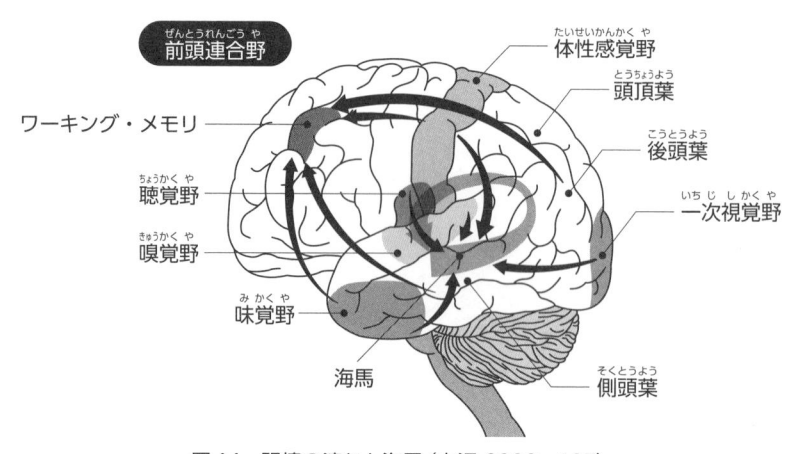

図14 記憶の流れと海馬（寺沢 2009, 105）

れてしまうのです。このように，海馬は「記憶の固定」にとって非常に大切な場所なのです。

　海馬により固定化された記憶は，何があってもすぐには忘却されない安定段階に入った記憶に変貌します。こうした安定した長期記憶は，海馬以外の，視覚情報なら後頭連合野（視覚連合野），音声言語情報なら側頭連合野（聴覚連合野）といったように，大脳新皮質の各領域に保存されます。

　では，上記のようにして海馬に一定期間保存され，そこから送られてきた情報は実際にどのような形で大脳新皮質に貯蔵されるのでしょうか。

　最も一般的な考え方として，「記憶はシナプスに蓄えられる」という説が

あります。海馬からの電気信号情報は，新皮質のニューロン（神経細胞）を刺激します。すると，ニューロンとニューロンとの間の接続部であるシナプスの数や状態に変化が生じます。このシナプスは，2つのニューロン間の情報の授受に重要な役割を果たしていることが分かっています。これが変化することで，ニューロン間の新たな結合が生まれてきます。この新たなニューロン間の信号伝達を長期的に強化しようとする仕組みである「長期増強（long-term potentiation：LTP）」が，私達の記憶を支える神経機構だと考えられています。こうして新たに形成されたシナプス結合を長期的に確固たるものにしていくことで，安定した記憶として保存できるのです。このようにシナプスを絶えず変化させることで，記憶として保存しているというのが，「シナプス記憶」の考え方で，現在最も有力な考え方です。

3-4. 潜在学習とは何か？

以上お話ししましたように，意味記憶は，最初から脱文脈化した形で取り込んだ場合でも，エピソード記憶体験を繰り返して取得した場合でも，一定の時間をかけて固定され，さらに大脳皮質で新たなシナプス結合が構築されていく中で，安定した記憶形成がなされると考えることができます。

しかしながら，この意味記憶という段階は，顕在学習が完了した段階です。まだ，意識的に処理することが必須であり，言語知識として実際のコミュニケーションでの処理に耐えうる状態ではありません。すなわちその取り出し（検索）にかなりの認知資源，時間を要する状態です。したがって，それを少しでも手続き記憶化，自動化した状態，つまりいつでも必要なときに，認知負荷がかからない形で，瞬時に検索・処理できるようにする必要があります。このためには，意味記憶の段階にある情報を何度も何度も繰り返し使用するという反復処理が必須です。このような潜在学習によって，顕在記憶とは質的に異なる，新たなニューロン同士のネットワーク（神経回路網）が構築できると考えられます（山鳥 2002）。例えば，一定の運動パターンを繰り返すと，繰り返した分だけその運動パターンがより滑らかに，素早く実現されるようになります。幼児による二足歩行の習得はこの典型例です。山鳥（2002）はさらに，文を読んで理解する手順も母語ではこのような手続き記憶化が進んだ典型例だと指摘しています（山鳥 2002, 91-92）。同様に第二言語習得においてもこのような手続き記憶がどの程度形成されているかが重要な鍵を握ると考えられます。そして，この手続き記憶化に至るために長い時間をかけた潜在学習が不可欠です。

以上お話ししました潜在学習（手続き記憶の形成）には，「反復プライミ

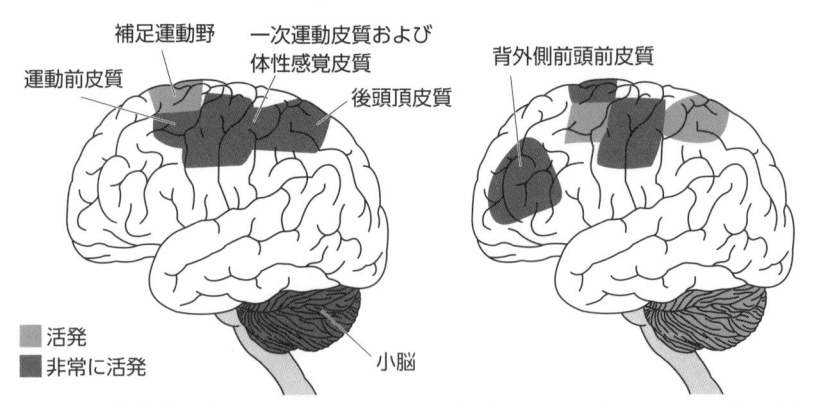

図15 無意識的に指を動かしたとき（左）と意識的に指を動かしたとき（右）（Pinel 2003）

ング（repetition priming）」と呼ばれる繰り返し学習が必須であることが，神経科学の観点から分かってきました。これは，同一刺激に繰り返し遭遇し，類似の処理体験を積むことにより，視覚・聴覚・体性感覚などの各領域の処理を任されたそれぞれの脳領域の可塑性（plasticity）が促進されると言われているものです。認知心理学的には，反復プライミングによる新たな知覚表象（perceptual representation）の形成と言ってもよいでしょう。このようにして新たな手続き記憶（潜在記憶）を形成すると，ニューロン間の神経ネットワークにさらなる変容がもたらされることが知られています。そして，その刺激に再度遭遇したときに，より洗練された，効率的な情報処理を可能にする仕組みが構築されていくのです（Ellis 2008）。

では，こうして形成された手続き記憶は，実際に脳内のどこに保存されているのでしょうか？手続き記憶は，よく「技の記憶」，あるいは「体で覚えた記憶」と称されます。このような手続き記憶の保存には，小脳（cerebellum）および大脳基底核（basal ganglia）が重要な役割を果たしていることが分かっています。特に，小脳は，繰り返し行うことで身に付くもの，上達するものにかかわっている脳であると言われています。

図15は，指によるタッピングを，無意識的に行ったときと，ひとつひとつ動かし方を意識して行ったときの脳の活性化の状態を表したものです。濃淡のうすい部分は通常の活性化状態にある領域ですが，濃淡の濃い部分が特に活発に活動している箇所であることを示しています（井狩 2008）。

意識的に指を動かしているときには，補足運動野，一次運動野（「皮質」のことを以下同様に「野」と表記），体性感覚野に加えて，意識的な運動に

関係する前頭連合野内の前頭前野背外側部（dorsolateral prefrontal cortex）が特に活性化していることがわかります。これは一般にワーキング・メモリ（working memory）の中央実行系（central executive）を構成する領域であると言われています。これに対して，無意識的な運動では，一次運動野，体性感覚野はもちろんですが，運動前野，さらには小脳の活動が極めて活発になっていることが理解できます。このように小脳は，大脳基底核とともに，技能や運動に関わる手続き記憶など潜在記憶を利用する際に大いに関係することがわかっているのです。

　以上お話ししました，エピソード記憶，意味記憶，手続き記憶の3つの記憶段階をイメージさせるような事例は，英単語学習においてもみられます。

①エピソード記憶段階：体験的知識段階
　（例）この単語，構文は，あの先生のクラスで，教科書のあのレッスンで，こんな英文テキストとともに覚えた
②意味記憶段階：脱文脈化した知識段階
　（例）いつどのようにして記憶したかは分からないが，確かにこの単語にはこんな意味・用法があることを覚えている
③手続き記憶段階：無意識な潜在知識段階
　（例）意識しなくても，聞いた（見た）瞬間に，その単語の意味・用法が自動的に浮かんできてすぐに活用できる

　③の手続き記憶段階で重要な役割を果たしているのは，脳の後ろ側の小脳なのです。私たちが一生懸命にコミュニケーションの活動をして練習し，何度も失敗を繰り返しながら知らず知らずのうちに，小脳のニューロンネットワークが正確な動きを記憶・定着させていると考えることができます。こうして獲得した「手続き記憶」は，消えることなく，いつまでも私たちの脳に刻み込まれています。数年間米国で暮らして，母語である日本語を使わなくても，決して母語を忘れてしまうことはないのです。

4. 心理言語学的能力：脳科学の成果をふまえた提言

　これまでの第二言語習得研究では，外国語のコミュニケーション能力は次の4つの能力からなると言われてきました（Canale & Swain 1980など）。

　(1)文法能力（grammatical competence）：語彙・文法・音韻などの言語知

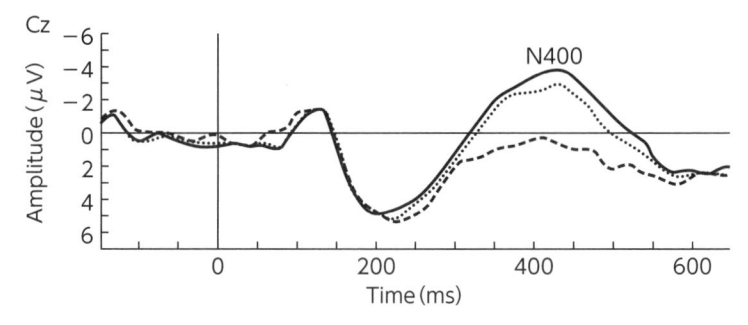

図16　事象関連電位（ERP）N400の典型例（Ward 2006, 214）

　識にもとづいて，新たな文を理解・産出する能力
(2)社会言語学的能力（sociolinguistic competence）：言語が利用される社会的文脈を理解し，言語使用域などを考慮しつつ，場面に適切な言語を使用する能力
(3)談話能力（discourse competence）：与えられた状況に関連のある一貫したテキストを形成するのに有効な指示詞，言い換え，省略などを駆使できる能力
(4)方略的能力（strategic competence）：自身の知識の限界に対処すべく，言い換え，繰り返しなどの方略を使って切り抜ける能力

　以上の(1)～(4)の中で，日本の英語教育がこれまで重視してきたのは，明らかに(1)の能力の形成です。この能力さえあれば，はじめて聞く文でも，はじめて話す文でも，時間をかけて考えればその意味が理解でき，その生成が正確にできます。これは，これまで展開してきた議論から考えますと，顕在学習により，宣言的，顕在的な知識の獲得を目指してきたことになります。しかし，これでは，自動化した運用レベルに到達した潜在記憶（手続き記憶）レベルにはまだまだほど遠い状態です。
　コミュニケーション能力が，このような顕在記憶のレベルに留まっていては，あまりに「認知負荷が高く」，実際の会話では間に合わないことが多いのです。通常の円滑なコミュニケーションでは，1秒以内（ほぼ数百ミリ秒）といったごく短時間のうちに文を聞いて理解したり，喋ったりしています。
　例えば，脳波計を用いて，言語処理時の事象関連電位（event-related potential）を計測したこれまでの研究により，単語を順次，聴覚的あるいは視覚的に提示した際に，意味的予測から逸脱した単語に遭遇した時に特定の

陰性電位 N400 が出現することが知られています。この N400 とは，刺激提示約 400msec. 後にピークを迎える陰性電位成分のことです。例えば Jenny put the sweet in her mouth after the lesson. という文中の mouth を pocket に変えた，Jenny put the sweet in her pocket after the lesson. という文を 1 語ずつ提示すると，pocket の提示とともに，N400 という先行文脈からの逸脱を認知したことを示す特定の脳波成分が観察されます（林・桐谷 2007, 107）。図 16 は，このような N400 の典型例を示しています。

なお，図内の μV とはミューボルトという単位で，1μV は 100 万分の 1 ボルトにあたります。また，Cz とは，脳波測定用国際的電極位置のうち，頭頂中央位置の電極からの電位であることを示しています。

上記の ERP のデータが示すように，数百ミリ秒単位で認知，反応する能力が，実際のコミュニケーションでは必要ではないかと考えられます。一般には，言語をいかに迅速に操作できるかという流暢性（fluency）とか，手続き記憶化の程度の問題と考えられることがこれまで多かったと思われます。しかし，実はこれが通常のコミュニケーションではキーポイントになるのではないでしょうか。そうすると，コミュニケーション能力にとって，従来からの(1)〜(4)に加えて，(5)を加える必要があるのではないかと考えます。

(5) 心理言語学的能力（psycholinguistic competence）：コミュニケーションに支障をきたさないための認知的流暢性を伴った処理能力（cognitively fluent processing competence）

これは，一定の時間内（通例 1 秒以内）に素早く，しかも安定して反応する自動化した処理（automatic processing）を行う能力です。同時に，必要に応じて意図的にコントロールできる柔軟な処理（flexible processing）という概念も含むものです。これは，コミュニケーション能力を支える重要な能力として心理言語学的能力の必要性を説いた門田（2009b）に，Segalowitz (2010) による認知的流暢性（cognitive fluency）の概念を参考にしつつ，多少の修正を加えて，門田（2012）により提案されたものです。

英単語の知識を顕在記憶のレベルから手続き記憶（潜在記憶）のレベルに変換させることが，英語によるコミュニケーション能力にとっては，その根幹を成す能力ではないでしょうか。この観点から，「心理言語学的能力」をここに再提案したいと考えます。

2

英単語運用力測定ソフトを使おう

1 CELP テストが完成するまで

概　要

まずテスト作成の基盤となるプライミング法，親密度，類義性，反応速度といった概念をなぜ採用したのか，その意義も含めて簡単に説明します。後半部では，プライミングに基づいた類義性判断時間と正答率を測定するためにどういった点に留意し単語選定を行ったのかについて解説します。主に親密度順位差，親密度の距離，品詞・語長の扱いから，類義性の判断基準の決定，そしてプログラミングまでの作成経緯を振り返ります。

キーワード

プライミング法，親密度，同義性，親密度順位，プログラミング

はじめに

　既に述べたように，皆さんに馴染み深いこれまでの語彙テストは，ある単語を「知っているか否か」を問うことが目的でした。テストの目的は極めてシンプルであっても，その完成には「どういった単語を使い，どのようにテストすればよいか」といった試行錯誤が繰り返されてきました。理論構築と検証の過程を経ることで，日本人英語学習者が備えておくべき基本的な単語力の有無をより正確に測定できるのです。CELP テストとは従来の語彙テストが測定した基本的な語彙知識を測定するだけではなく，アクセススピードという新たな語彙力の側面を測定するものです。この新たな観点を加味した語彙テストも同様に理論構築とその検証という壁を乗り越えながら，完成に至りました。その過程を皆さんに理解して頂くことで，学習効果もより高まるでしょう。ここでは，理論的な背景と目的，その作成過程について概観します。

1. CELP テストの背景にある概念

1-1. 頻度より親密度が良いのはなぜか？

　CELP テストでは，使用される語彙を英単語親密度リスト（横川ほか 2006）から選定しています。General Service List（West 1953），University Word List（Xue & Nation 1984），大学英語教育学会基本語リスト（JACET8000）（相澤ほか 2005）などこれまで提案されてきた単語リストは親密度ではなく，生起頻度に基づいています。なぜCELP テストでは，親密度を採用したのでしょうか。

　生起頻度とはある特定の単語が実際にどれくらい頻繁に本，新聞，雑誌等で使用されている（出現している）のかを示すものです。特定の単語の頻度を決定付けるデータ元として，British National Corpus（BNC）と言われる10億語に及ぶ語彙を集約した電子コーパスがよく利用されます。これは，イギリス英語の書きことば，話しことばを含めた膨大な言語データから作成されたコーパスであることから，BNC に基づく頻度順位は信頼性のある客観的な生起頻度の指標と言えます。

　他方，親密度とは，familiarity（馴染み）の度合いを示す指標です。この指標は，ある単語に対して学習者がどれだけ馴染みがあると感じているのかといった主観的な判断に基づいています。本テストに利用された横川ほか（2006）が作成した英単語親密度リストは，日本人学習者が高頻度の単語に対して実際にどれほど馴染みがあるのかを調査した結果に基づいて作成されています。作成にあたっては，BNC コーパスの頻度順位上位 3000 語についての親密度評価データを日本人大学生 810 名から収集しています。評価については「全く見聞きしない〜よく見聞きする」という心理尺度が利用され，1〜7 点の間で日本人大学生が 3000 語についてその尺度を用いて馴染み度を評価しています。親密度リストは，その結果に基づいて 2999 位までの親密度順位を示しています。

　頻度と親密度のどちらを CELP テストに妥当なリストとして採用するかについての決定は，テストの目的に左右されます。例えば先述した語彙サイズテストのように，「どれだけの単語を知っているのか」を測定する場合は，客観的な指標となる生起頻度が適切でしょう。なぜなら語彙サイズテストは，実際に英語をできるだけ難なく読むためには，どれくらいの頻度順位までの単語を多く知っている必要があるかを知るための指標なので，実際に印刷物にどれくらい頻繁に使われているのかを示した単語の頻度がその基準となるべきです。しかし，CELP テストの目的は，「どれほど迅速に語彙アクセス

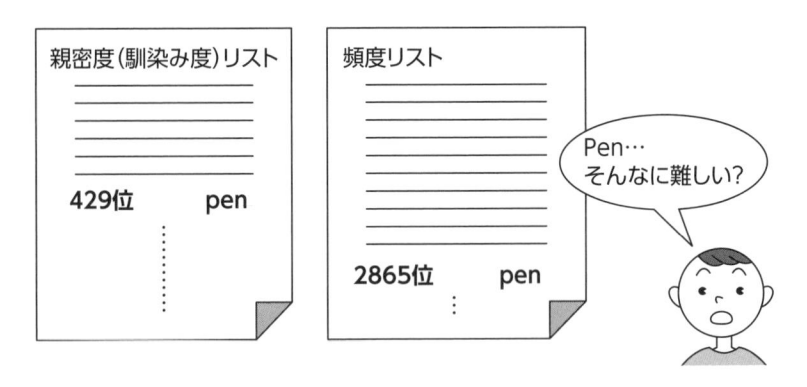

が可能か」，その処理能力の程度を測定することです。つまり，既に知っている単語について，学習者がどれくらいのスピードでアクセスできる能力を備えているのかを評価することが目的となります。そうなると測定対象となる単語は，実際に多くの学習者に馴染みのあると感じるものから順に多く使うほうが理想的です。

　頻度を採用した場合，次の問題点が生じます。例えば，客観的な指標である頻度順位の場合，いくら出現頻度が高い語彙といっても実際にその語彙に学習者が遭遇しているという保証は得られません。また遭遇していたとしてもその遭遇回数には，個人差があるので，リストで示された出現頻度の高いものが，果たして学習者にとっても馴染みのあるものかは疑問です。例えば，pen という単語は馴染みのある単語で親密度リストでは 429 位と示されています。しかし頻度順位は 2865 位です。つまり，頻度と親密度は必ずしも比例したものではないことから，頻度リストを採用した場合，出現頻度と学習者のとらえる親密度との溝が常にテストの信頼性を損ねる可能性があります。

　さらに親密度順位リストは，大学生である日本人学習者の主観的判断に基づいて得られたデータを用いていることから，同じ文化圏で約 6 年間ある程度同様の英語教育を受けてきた日本人が平均的に遭遇する可能性が高い順から並べたリストと言えます。日本人学習者の平均的な語彙ネットワークの様相をできるだけ反映したリストと言えることから，検索スピードを測定する目的には適していると判断できるわけです。

1-2. なぜ類義語ペア，プライミング効果を活用するのか？

　CELP テストの主な特徴は，語彙のアクセススピードを測定するために類義語のペアを提示し，ペアの単語の意味が互いに近い意味を示すかどうかを

判断させる類義性判断課題を採用している点です。その判断に要する時間（反応時間：response time, reaction time）をアクセススピードとして測定します。また類義語を同時に提示するのではなく，「プライム語とターゲット語」という順に従い，ペアのうちの一つを先に提示した後でもう一つの単語を提示して，類義性判断を行うプライミングの手法を応用しています。つまり，本テストは以下の順で提示され測定されます。

①プライム語として類義語ペアのうちの一語が提示される
②直後にターゲット語として類義語ペアのもう一つの単語が提示される
③後続の提示からターゲット語とプライム語の類義性を判断し終えるまでの時間を反応時間（アクセススピード）として測定する

ただし，この類義性判断は心理実験で行われるプライミング法のタスクと同一ではありません。CELP テストはこのプライミング効果を応用しているテストであると言うほうが正確でしょう。ではなぜ語彙アクセス速度の測定のために類義語とプライミング法を採用しているのでしょうか。

まずこの点を理解するために必要とされる理論が，語彙ネットワーク上での検索処理について説明する上でよく用いられる活性化拡散モデル（activation spreading model）です（図1）。

このモデルは，どのように語彙の概念が結合し長期記憶内で格納されてい

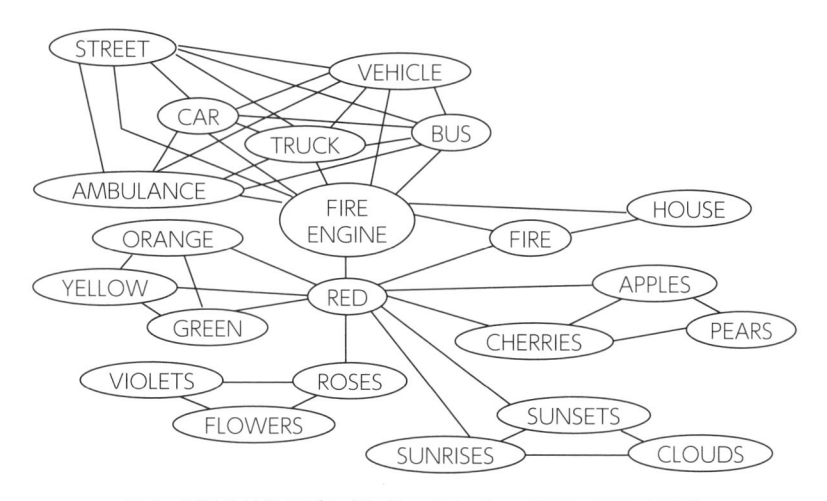

図1　活性化拡散モデル (Collins & Loftus 1975, 門田 2006)

るかを示す認知モデルです。図1が示すように，語彙概念はネットワーク状に互いに連結し合い格納されていることが分かります。そして，入力刺激によってある概念が活性化されると，それと関連した全ての概念も伝播して活性化される仕組みになっています。その伝播の具合により，語彙概念間のリンク（関連）強度が規定されています。例えば，図1中央の FIRE ENGINE が活性化されると，それと同時に AMBULANCE, VEHICLE, STREET が活性化されるとすれば，その活性化の度合いはこれらの3つの単語間で異なります。そして活性化の影響を受けやすい単語ほど FIRE ENGINE とのリンクが強い（関連性が強い）ことを意味します。要するに，リンクの強度が伴う関係にあるほど一方の活性化が他方に伝播されやすくなります。

　この活性化拡散モデルの原理により，語彙プライミング効果がなぜ起こるのかを説明できます。プライミング効果とは，先行する入力刺激（prime）が，後続の刺激（target）の認知処理に影響する現象です。語彙認識の過程においてのプライミング効果は，先行する単語の意味が，続いて処理される単語の認識に影響する意味プライミング（semantic priming）のことを主に示しています。例えば，プライム語（先行刺激）として car を先に提示した後に，brake を提示した場合のほうが house をプライム語とした場合に比べると，brake の認識に要する時間が自ずと速くなるというものです。それは，brake と car のほうが brake と house よりも意味的な関連性が強いからです。つまり，プライミング効果とはプライム語とターゲット語の概念のリンクが強い場合（car-brake）とそうでない場合（house-brake）とを比較すると，先行刺激（car）が後続の刺激（brake）の認識を促進させるプラスの効果が得られるという現象です。活性化拡散モデルの原理に基づいてこれを説明すれば，先行して入力した刺激と同時に，後続する単語の概念が伝播により既に活性化されているので，その余韻が後続の単語の形態の認識や意味の正誤判断を容易にすると解釈できます。

　CELP テストは，この原理に基づいて類義性判断を利用し語彙アクセススピードを測定しようとするものです。CELP テストでは，類義語ペアをプライム語とターゲット語という順で提示します。活性化拡散モデルに基づけば，まずプライム語の提示により類義語であるターゲット語に関連した概念が同時に活性化され，必要な概念が既に引き出された状態となります。それにより後続して提示されるターゲット語の認識が促進される状態になります。そこで，ターゲット語がプライム語の類義語かどうかを判断する速さを見ることで，ターゲット語に対する意味検索能力を示してみようという仕組みです。

①Prime　　　　　　　　②Target

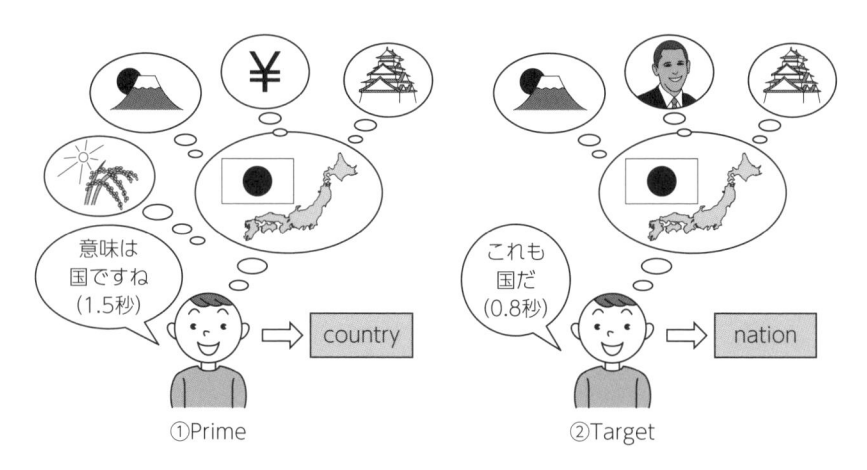

　では，この類義性判断は，なぜ単語の意味検索能力を測定することになるのでしょうか。活性化拡散モデルの理論に基づけば，意味的な結合が強固な単語のペアほど両者間での活性化の伝達が速くなることから，互いにプライミング効果を受けやすい単語ペアとなります。もし対象となる類義語ペアのリンクが学習者のメンタルレキシコン内（既に習得されている語彙のネットワーク）に適切に構築されているなら，そのペアの単語を各々にプライム語とターゲット語という順番で認識した場合，プライム語がターゲット語の認識を促進し，それらの単語の意味が似ているかどうか判断する類義性判断の時間が速くなるはずです。言い換えると類義性判断が速ければ，そのペアのリンクが学習者のメンタルレキシコン内で固定化していることがわかり，検索も容易な理想的な状態であることを示します。しかし，提示された単語に対する学習経験が学習者間で異なれば，プライム語とターゲット語のリンクの強度に個人差が生じるでしょう。そうなるとこの促進効果にも個人差があると想定できます。その促進効果の差は，ターゲット語の意味検索の速度に影響することになり，類義性判断時間の差となって測定されるはずです。つまり，類義性判断時間を測定すれば，その学習者の単語意味検索能力の様相が見られるということになります。

　このような原理に遵守し正確にアクセススピードを測定するテストを作成するには，類義語の作成がテストの信頼性の根幹に関わる最も重要な作業となることは言うまでもありません。親密度リストの親密度順位に基づき，できるだけ類義語ペアのリンクの強度が他のペアのそれと同質になるように，各単語の親密度を調整しながら類義語ペアを慎重に作成しなければなりません。以下にこれらの理論背景を踏まえてCELPテストの単語項目がいかに

選定されていったのか，その経緯を述べていきます。

2. 単語ペアの選定とテスト作成まで

リストの作成として，類義語ペアの選定と作成から始まり，何度もペアの妥当性をまず検討した末に，CELP テストを 3 種類作成しました。その後に，試行版を作成し，予備実験を実施した後，さらに類義語ペアの妥当性を検証し，最終的な CELP テストの単語リストを確定しました。その経緯を以下に概観したいと思います。いかなる点に注意しながらアクセス速度を抽出する信頼性のあるテストの完成に至ったのか，その作業工程について順次紹介します。テスト作成のために参考にしてください。

Step 1：類義語ペアの選定；正答反応ペアの選択

CELP テストでは，テストの解答にかかる時間は 30 分程度と想定され，100 ペアの問題が提示されます。100 ペアのなかに正答反応と誤答反応が各々 50 ペアずつ含んであります。正答反応のペアは，類義語のペア（同じ意味を共有するペア）になります。まずはその正答反応のペアの選定作業から入りました。

Point 1：親密度順位全体にわたって正答反応ペアを選定
① テストで使われる単語のリストは，親密度順位リストの 1〜2999 位の全体を反映する必要があります。まずは親密度順位の 2999 位までを 300 順位毎にセクションに区切りました。
② 10 名の研究者が各々に異なるセクションを担当し，担当したセクションから約 50 ペアの類義語（synonym）ペア（プライム語—ターゲット語）を選定しました（最終的に各セクションから 30 ペアに絞られた）。類義語ペアの作成には，thesaurus 等を利用しターゲット語に対する類義語は同じセクションの親密度リストから選択しました。

Point 2：意味にアクセスする速度に影響する可能性がある要因を統制
① 品詞も一つの語彙情報であるので，品詞が異なることで意味検索の時間に影響を与えるため，品詞はプライム語とターゲット語では揃えました。
② 単語が長い（音節が多い単語）場合は，短い単語（一音節語）に比べて当然として単語認知に時間がかかります（門田 2002）。したがって，類

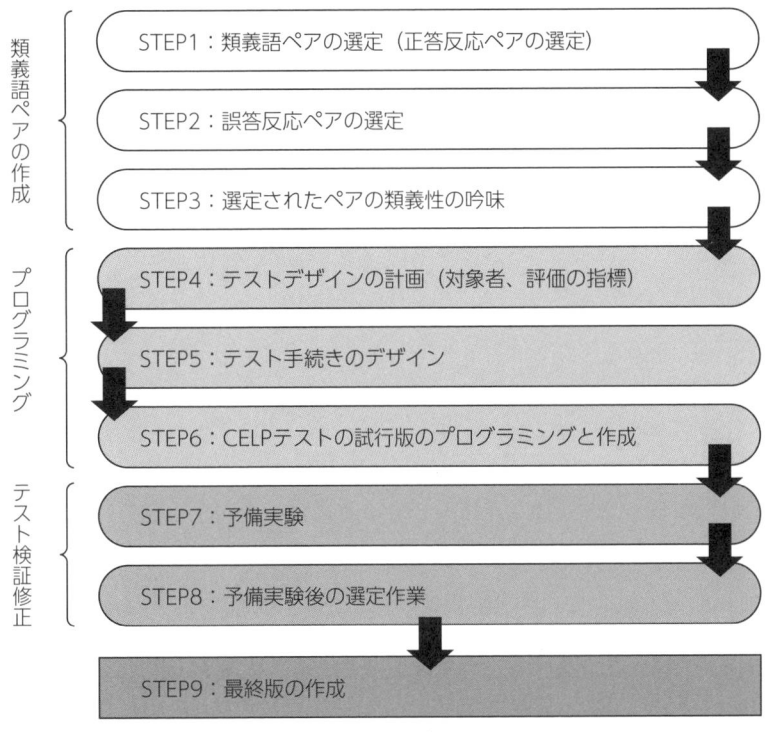

```
類義語ペアの作成 ┤ STEP1：類義語ペアの選定（正答反応ペアの選定）
                 │ STEP2：誤答反応ペアの選定
                 └ STEP3：選定されたペアの類義性の吟味

プログラミング ┤ STEP4：テストデザインの計画（対象者、評価の指標）
               │ STEP5：テスト手続きのデザイン
               └ STEP6：CELPテストの試行版のプログラミングと作成

テスト検証修正 ┤ STEP7：予備実験
               └ STEP8：予備実験後の選定作業

STEP9：最終版の作成
```

図2　CELPテストが出来るまで

義語ペア間での単語長（単語のスペリングの長さ）が極端に異ならないよう揃えました。

③類義語ペアの品詞は，名詞と動詞を主に選択しました。また，副詞，前置詞の類義語は作成し難いことから省かれました。機能語（is, am 等）は使用しませんでした。さらに最終的にリストに使われる語彙の品詞の割合を General Service List にならい（名詞：動詞：形容詞 => 3：2：1）それに近づくように調整しました。

④異なる品詞に捉えられやすい単語はなるべく選択しませんでした。例えば，helpやtrainなどは動詞として使われますが，名詞の意味も存在し，どちらの品詞でも使用頻度が高いです。これは意味検索の際に混同することからアクセス速度を遅らせる要因となるからです。

⑤多義語はなるべく使わないようにしました。例えば，way, right, life 等は複数の意味が想起されてしまうためアクセス速度を遅らせる要因となるからです。

⑥プライム語はターゲット語よりも親密度が高い馴染みのあるものを選びました。これが非常に重要な点となります。プライム語の役割は，プライミング反応を正確に喚起させることにあります。既に知っている可能性が高い易しい単語で，ターゲット語に関係した語彙ネットワークがターゲット語を処理する前に，正確に活性化されないと，本テストの測定自体に意味が持てなくなります。

正確にプライミング効果を導くため，プライム語の難易度はターゲット語よりも低く設定し，プライム語は必ず処理される可能性が高いものを選ぶ必要があります。ですが，全てを1000位以内の単語から選ぶことは，選択肢が狭められるので，2000位以内の単語を基準としました。

⑦先にプライム語として利用された語はターゲット語には利用しませんでした。またプライム語の重複は極力避けました。なぜならテストの最中に重複して提示される単語があれば，その単語に対しての情報がまだ記憶に残っている可能性が高いので，検索速度を高めてしまう可能性があります。この点も調整が必要です。

〈正答反応ペアの例〉

(prime)	(target)	(prime)	(target)
selection	choice	bind	connect
simple	easy	cash	money
press	push	stable	steady

Step 2：誤答反応ペアの選択

正答ペアと同様に誤答ペアについても慎重に選択する必要があります。誤答反応ペアは，類義語ではないペアです。つまり，意味的には全く関連がないものです。誤答ペアについては，以下の点に注意しながら選定されました。

〈誤答ペア選択における注意点〉
①意味の関連性が少しでも連想されるペアは選びませんでした。いわゆるひっかけ問題のようなペアは当然避けました。
②スペリングが似ているものは避けました。
③日本人に共通して単語間に何らかの関連性が連想しやすいペア（例えば

rice-ball；「おにぎり」と連想してしまう）は避けました。
④ right-wrong などの反意語も一種の意味的関連性があると思われる可能性があるので避けました。

以上のことをまとめると，迷うことなく「明らかに意味が異なるとわかる非類義語」を選ぶということです。誤答についても正答と同様に，正答ペアで分けた親密度順位の各セクションから 30 ペアを作成しました。品詞，語長，親密度の重複，プライム語の親密度の範囲については，正答ペアと同様な条件としました。

〈誤答反応ペアの例〉

(prime)	(target)	(prime)	(target)
song	heat	color	map
cousin	situation	equipment	distance
pilot	lecture	season	library
studio	bike	sugar	rule

Step 3：選定されたペアの類義性の吟味

Step 2 の選定作業が終了した段階で，選定された全ての類義語ペアについて吟味しました。特に類義語として成立しているけれども何か疑問の余地のあるペアがないかを一語一語検討しました。これは時間のかかる作業です。以下のポイントについて検証が数回にわたり行われました。

Point 1：プライム語の親密度がターゲット語のそれよりも上位の順位であるか？ペア間の品詞は同じか？語長に差がありすぎないか？
Point 2：類義語ペアとして妥当であるか？

Point 2 は非常に重要です。類義語ペアの類義性の程度を均質にすることが，テストの信頼性を保証する上での要となります。テストで異なる類義語のペアが提示される度に，意味の関連性の強度（意味の類似度の程度）が異なれば，測定されたアクセス速度の差は個人差ではなく，テスト項目の差によるものとなってしまいます。各ペアの類義性の程度を極力均質にすること

で，反応の差が被験者のアクセススピードにおける個人差によるものと初めて言えます。

　この点を充分に注意し，うまく均質なペアを選定するために，各ペアがテスト項目として出現した場合に日本人学習者が迷わず判断できるかどうかを吟味しました。つまり，類義語辞典上では同じ意味であると明示されていても，「同じ意味かどうかを判断しなさい」と問われた場合，非常に判断に困る曖昧な類義語ペアがあります。少しでも判断に困難をきたす要素のあるペアはなるべく削除し，誰が判断したとしても明らかに同じ意味であると思えるペアを残すことを目指したのです。

〈削除された正答ペアの例〉	
attend － join	demand － order
expect － hope	novel － story
count － number	draw － pull
inevitable － necessary	implication － suggestion

　Point 3：プライム語とターゲット語の親密度順位の隔たりが大きすぎないか？

　Point 3の評価については，ターゲット語とプライム語の親密度順位差を算出し，全体の順位差の平均値より極端に外れていないかを確認しました。これも刺激語ペアの概念リンクの強度がなるべく同質になるように設定するためです。

　Point 4：ターゲット語で利用する単語がプライム語では使われていないか？プライム語同士でも重複して使われている単語はないか？

　つまり，同じ単語が複数回出現すれば，それだけ繰り返しの効果でその単語が記憶され，それが検索速度にプラスの影響を与えてしまいます。この処置は不可欠なのです。

　正答反応ペアについてこれらの作業が終わった後に，誤答反応ペアについてもスペリングや音韻的に似通ったペアではないか，そして意味的に類似し

ていると誤解するようなペアではないかについて再度検証が行われました。

Step 4：テストデザインの計画
デザインについては，以下の2つのポイントがあります。

Point 1：異なる学習者に対応したテストデザイン

CELP テストは語彙の意味が理解できているかといった従来の単語テストとは異なり，語彙の意味を検索するスピードが運用面で適当であるかどうか，という新たな語彙力の側面を測定することが狙いです。従ってその対象は，ある程度英語学習経験をつんだ学習者であり，親密度順位2999語レベルまでの基礎的な語彙については，ある程度学習済みであると見込める高校生やそれ以上のレベルの学習者が対象とされます。当然，小・中学校の学習者でも，早くから学習を始めている場合は対象者に含まれます。

テスト作成当初は，幅広いレベルの学習者向けに，親密度順位を1000，2000，3000と分けて，各レベルについてのCELPテストを作成することを考えていました。しかし，その場合，類義語の選定範囲が限定されてしまい，どうしても質問項目が少なくなってしまいます。項目数が限られますとテストの測定値に対する信頼性はかなり落ちます（質問数が少ないほど偶然正解した可能性が高まります）。テストの信頼性が何よりも測定の要となることから，レベル別測定によるテストは断念し，代わりに正答（yes）50問，誤答（no）50問から成る100ペアが，親密度2999位までの全体を反映するようなテストを作成することにしました。

CELP テストは異なる親密度レベル毎のアクセススピードの測定に対応したテストではありませんが，多くのレベルの学習者に対応できる汎用性のあるテストです。その理由は次の2つの点です。

①本テストはアクセススピードだけではなく正答率も測定されることから，語彙知識量を測定する側面も備えている。
②アクセススピードは基本的には正答したペアに対しての反応時間を測定することから，受験者が親密度リストの2999語を習得していないとしても，理解している単語に対してのアクセススピードのみが測定値として算出される。つまり，いかなるレベルであっても現在の語彙力に相当したアクセススピードが測定されることになる。

初級学習者の場合は，正答数が減りアクセス速度の測定値に対する信頼性が低下することは免れませんが，少なくとも CELP テストは学習者が各々に形成してきた語彙ネットワークの様相に応じた意味アクセススピードを測定するものと言えます。

Point 2：正答率を加味した処理能力の指標

本テストは，アクセススピードの測定が主な狙いですが，正答率も評価基準として含まれます。語彙処理能力という観点は，正答したペアに要したアクセス速度のみを評価する場合に加えて，速読テスト等で利用される効率評価（efficiency score）も1つの指標とされています（Nutall 1996）。これは正答率と反応時間を掛け合わせた数値で，本テストでは，知識という要因も加えて単語処理の効率を示す指標となります。以下に示すように学習者の保持する語彙ネットワークの様相をできるだけ複数の次元から評価する意味で，正答率，アクセススピード（反応時間），それらの積を評価指標とすることも考慮に入れました。

語彙処理能力の指標
1 知識面：正答率
2 処理面：正答に対するアクセススピード
3 処理効率：1・2の積

Step 5：テスト手続きのデザイン

再度，繰り返しますが，本テストでは単語の意味理解のみでなく，「どれだけ速く・効率的に・また自動的に」意味が検索できる（取り出せる）か，語彙のアクセススピードが測定されます。またこの語彙処理能力の測定にあたり，心理学の実験パラダイムを用いてプライミング効果を応用しています。つまり，与えた先行刺激が後の刺激にどのような影響を与えるのか，そのリンク強度を概念検索速度として算定するのです。プライミング実験の手法に基づくことから，本テストの基本的な提示の流れが，以下の通りにデザインされました。

> 〈測定手法：類義性プライミング課題〉
> ①先行刺激：プライム語（ターゲット語よりやさしい単語を提示）
> →ターゲット語の関連語彙知識を活性化（ネットワークの活性化）
> ②後続刺激：ターゲット語（ターゲット語の意味アクセス速度を測定）

　実際の手続きについては，プライミング実験のデザインと類似した形で，以下のような手順が設定されました。

> **テストの手続き**
>
> ＊実験画面の前に説明文提示
>
> 1　スペースキーを押すと次の問題が提示されます
> 　　＊毎回出す（自分の意思で始める）
> 　　　　↓
> 2　＋＋＋＋＋（2000ms）　＊画面中央に注視点を提示
> 　　　　↓
> 3　プライム語提示（1600ms）　＊視覚認知・処理
> 　　　　↓
> 4　ブランク画面（600ms）　＊記憶保持
> 　　　　↓
> 5　ターゲット語提示
>
> ＊コンピュータのキー（b, n）で解答
>
> 　　→　b, n のキー以外は次の問題に進まない設定
>
> 　　→　押すのが遅すぎると warning　（10000ms 以上の場合）
>
> ＊「正解です」「間違いです」というフィードバック（練習時）

Step 5-1：プライム語とブランク画面の提示時間の設定

　母語に関するプライミング実験では，語彙のスペリングなどの形態判断では 100ms（100 ミリセカンド：0.1 秒），音韻判断では 200〜300ms，意味判断には 400〜500ms ほどかかるとされています。第二言語での単語の意味アクセスでは，当然ながらそれ以上に時間がかかるわけですから，おおよそ倍の 800ms 程度と想定されます。しかし更に試行版で検討した結果，実際に

は 1600ms 程度の長さがないと解答に困難であることが判明し，提示時間を変更しました．
　ブランク画面の時間は，プライム語を記憶に留める過程であり，また次のターゲット語提示までの準備時間となります．もしこの時間を設けなければ，学習者によってはプライム語の意味を処理する途中で次に提示されるターゲット語を処理しなければならないかもしれません．ターゲット語の意味処理を正確にさせることが測定の要であることから，ターゲット語にアクセスする条件をどの受験者についても一様の状態にしておく必要があります．ですからブランク画面の時間は欠かせません．プログラミングで画面提示のモデル版を作成し，先行研究も踏まえた上で提示時間についてどの程度の間隔が適当なのか試すなかで，最終的に 400ms が妥当という結論に至り，その後，更なる検証を経て 600ms としました．

Step 5-2：自分の意志で始めることについて
　1つのペアの解答が終わり，次のペアへと進むときは，自動的に進むのではなくテストの受験者の意志で進めるようにしました．テストは 100 ペアになるので，毎回集中することは努力を要するでしょう．単純に考えれば疲れてしまいます．自動的に問題を提示し強制的に処理させた場合，受験者の注意がまだその問題に向いていないのにテストが進行していくかもしれません．そのため自分のペースで問題に取り組む準備ができてから次の問題に進むキーを押すほうが，妥当であると考えました．但し，あまり時間をかけすぎることも測定に何らかの影響を与えることから，間隔を置ける時間にも制限をかけるようにしています．

Step 5-3：適切なキーの位置と Warning（警告）の設定
　利用するキーボードの最適なキーとして，人差し指と中指で最も押しやすい（B, N）が選ばれました．Warning とは警告文のことであり，あまりにも解答時間が長い場合や一定期間同じキーを選択し続ける（8問連続して yes や no を押す）受験者（考えずにテストを受けている可能性がある）への対処として設定されました．

Step 5-4：受験者に配慮した工夫
　さらに以下のような配慮を施しました．
　＊必要なキー以外は反応しないような設定
　＊「あと何問」（スペースを押してください画面で）という表示を出すこと

で，受験者が問題に集中できる工夫
＊キーの押し方などのテスト実施方法や類義性の判断方法についての理解の確認のため練習問題を提示（実際に解答のフィードバックを画面で数回与える）

Step 6：CELP テストの試行版のプログラミングと作成

選定された正答・誤答反応の語彙リストに基づき，プログラミングを行い，試行版のテストが作成されました。以下の条件がプログラミングに反映され試行版 A, B, C の 3 種類のテストが完成しました。

Point 1：使用プログラムと稼働環境
　プログラミングについては，Windows XP 以降の OS で作動できる Visual Basic 6 により行われました。

Point 2：その他の条件設定
①提示されるペアは各試行版いずれも，試行のたびにシャッフルされランダムに提示される。
②各試行版に練習問題として 9 ペアが設けられ，前半の 5 ペアについて「正解です」「間違いです」とフィードバックが提示される。
③テスト開始時の入力画面が提示される。そこで ID 番号と名前（ローマ字）を入力する。

```
           コンピュータ版英語語彙処理テスト
     Computer-based English lexical processing test (CELP)
           ID 番号                    ローマ字
        ○○○○○○○○○○               △△△△
```

④テスト終了後に「これで終了です。お疲れ様でした。(^_-)」を表示。

Point 3：ペア項目のプログラミング
　エクセルファイルの csv 形式で一覧表が作成され，プログラムに読み込まれるよう設定しました。以下のように正答反応の場合は，ターゲット語 1 にターゲット語が記入され，誤答反応の場合はターゲット語 1 の欄に 0 が記入されるように設定しました。

プライム語	ターゲット語1	ターゲット語2
tree	0	key
visible	0	firm
wave	0	action
weakness	0	farmer
window	0	hair
wooden	0	afraid
worry	0	walk
consent	agree	0
permit	allow	0
declare	announce	0
region	area	0
assault	attack	0
infant	baby	0

Step 7：予備実験

　上記の試行版を作成した後，類義語ペアの妥当性の検討のために予備実験（パイロットスタディ）が実施されました。関西を中心とする6つの大学で計270名の大学生が対象となりました。試行版で使用された類義語ペアは，A, B, C 各145ペア（合計435ペア）となり，正答・誤答反応はほぼ同数でした。テストはどの大学もコンピュータ教室で行いました。予備実験で得られた各項目に対しての正答率，反応時間のデータに基づき更にペアの妥当性の検証が行われました。

Step 8：予備実験後の選定作業

　予備実験で得た正答率，反応時間の結果を踏まえて，さらにテスト項目として適切ではないプライム・ターゲット語ペアを削除し信頼性を向上させるための修正作業を行いました。また英語母語話者数名に正答ペアが妥当かどうかについて判定してもらい，更に削除するべきペアを選定する作業を以下

の手順で行いました。

Point 1：英語母語話者による削除対象となるペアの選定
　　英語母語話者 10 名がリストを見て類義性について検討しました。

〈母語話者が類義語ではないと判断したペアの例〉

convey — carry　　　　　scheme — frame

regime — government　　score — point

have — keep

Point 2：データによる削除対象となるペアの選定
　　以下の点を基準に削除対象のペアを選定しました。
①正答率が極端に低くすぎるペア
②反応時間が極端に長すぎるもの

Point 3：統計処理による削除対象となるペアの選定
　　以下の原理を基準に削除対象のペアを選定しました。
①親密度順位が高いほど意味がよく知られている単語であるので、親密度が高ければ意味検索速度（反応時間）は速くなる
②親密度順位が高いほど意味がよく知られている単語であるので、親密度が高ければ正答率が上がる

つまり、CELP テストが高い信頼性を持つためには、親密度順位と予備実験で得られた類義性判断時間及び正答率が比例関係にあるはずです。この原理を基準に以下の検証が行われました。

検証1：各単語ペアの親密度順位のスコアと正答率、及び親密度順位スコアと反応時間のそれぞれの相関係数を測定し、正比例関係を示す正の相関値が高ければテスト項目は妥当であると判断する。

検証2：以下の基準で削除候補の選定作業を再度行う。
　＊正答率が低いのに親密度が高いもの
　＊反応時間が遅いのに親密度が高いもの

＊正答率が高いのに反応時間が遅いもの
＊正答率が低いのに反応時間が速いもの
削除された類義語ペアの例は以下の通りです。

正答反応ペアの削除対象例		誤答反応ペアの削除対象例	
(Prime)	(Target)	(Prime)	(Target)
picture	image	engine	human
important	major	family	dictionary
choice	option	fat	wild
instruction	direction	disk	noise
agree	consent	data	task
sell	retail	tradition	principle
only	sole	comment	path

<u>検証3</u>：相関係数を再度測定し，検証1の時点と比べてより高い相関値が得られた場合，修正が成功していると判断する。

表1に示したように相関係数は正答率の場合は1に近づくほど関連性が高い（正比例である）ことを意味します。つまり，親密度が高いと正答率も高くなる傾向です。逆に反応時間の場合は，反比例です。つまり親密度が高いほど反応時間は速い（数値はより低くなる）ことを示しています。いずれも削除前と削除後では相関は上がっています。

表1　正答反応ペアの相関係数の変化

	削除前	削除後
親密度−正答率	0.7	0.8
親密度−反応時間	− 0.4	− 0.6

Step 9：最終版の作成

これらの検証を経て最終的な正答・誤答のペア数は表2の通りに合計100ペアに調整されました。1000位まで（35語）2000位まで（30語）3000位まで（35語）となりました。最終的には，テストA，Bの2種類のテストが作成されました。

表2　最終版のリストにおける内訳
2-1 親密度レベル毎の刺激語ペア

親密度レベル	ペア数
1-1000	35
1001-2000	30
2001-3000	35

2-2 品詞の配分

名詞	49
形容詞	22
動詞	29

まとめ

以上の通り，CELPテストの作成にあたっては時間をかけて理論と実証の両側面から検証を行いました。特に正答・誤答ペアの選定については幾度も検討し，その結果信頼性のある類義語リストが出来上がったのです。

2 テストの妥当性・信頼性

概　要

どんなテストでも，それが目的とする内容をうまく測定しているのかという妥当性や，また安定して測定できているのかという信頼性を備えているのかを検証することは非常に重要な意味があります。この CELP テスト開発では，予備調査をふまえ 2009 年に本調査を実施しました。その結果テストの妥当性・信頼性について分かったことをできるだけ平易に解説します。

キーワード

PC 版英単語運用力テスト（Computer-based English Lexical Processing Test：CELP），妥当性（validity），信頼性（reliability），調査方法（research method），調査結果と考察（results and discussion）

前章では，PC 版英単語運用力テスト（Computer-based English Lexical Processing Test：CELP）がどのようにして開発されてきたのか，その経緯を解説しました。本章では，開発した CELP テストの妥当性と信頼性について調べるために，計 698 人の日本人英語学習者（大学生）を対象に実施した調査結果について報告します。

1. テストの妥当性・信頼性とは何か？

開発したテストが何であれ，その妥当性と信頼性について検証することは必要不可欠なプロセスです。

まず妥当性（validity）とは，テストが測定しようとしているものを実際に測っているのかという度合いを表します。妥当性には以下の種類があります。

(1)内容的妥当性（content validity）：テストの項目が測定すべき対象を，どの程度バランス良くカバーしたものになっているか。
(2)基準関連妥当性（criterion-referenced validity）：テストが測ろうとしている内容が，外部の基準（他のテスト）に照らし合わせたとき，どの程度一致した結果を出しているか。
(3)構成概念妥当性（construct validity）：測定しようとしている対象（語彙運用力など）の構成概念について，理論的に予想されるような関連性が実施しようとしているテストとの間に認められるか。

さらに，テストが実際に何を測定しているかというよりも，何を測定しているように「みえるか」という表面的妥当性（face validity）もあります。これはいわば，みせかけの妥当性ですが，案外大事な要因であるとも言えます。

次に，信頼性（reliability）は，テストが一貫した結果を出せるのかという要因で，その検討方法には次のようなものがあります。

(1)平行テスト法：同一内容の別のテストの得点との相関
(2)再テスト法：同一テストを2回実施して得られる相関
(3)折半法：テストの項目を半数ずつ2分割したときの得点間の相関
(4)内部整合性による方法：尺度項目間の相関

これらの中で，(4)尺度項目得点間の一貫性を評価する方法としては，クロンバックのα係数（Cronbach α）が広く用いられています。これは信頼性の下限値で，項目間相関が高いほど，項目数が多いほど値が高くなります。通常α係数は，学力検査では0.8以上，性格や態度などの心理特性を測定する場合は，おおむね0.7以上であることが要求されます。

CELPテストでもこの方法による信頼性の検討を行っています。

2. CELPテスト開発の趣旨は？

CELPテストは，語彙の知識をどれだけ効率的に利用可能であるか，すなわち語彙へのアクセススピードを指標に入れた，「自動性」あるいは「流暢性」の程度を主な指標とし，この観点から，語彙運用力を測定しようとするものです。開発の基本コンセプトは次の通りです。

(1)正答数（誤答数）のみならず，反応時間をもとにしたデータをとり，それもスコアとして活用する。
(2)心理言語学実験でこれまで活用されてきた，語彙プライミングの手法を用い，継時的になされた2語が類義語かどうかの判断タスク（synonym judgment task）を課す。
(3)コンピュータベースで実施できる。
(4)平均的な日本人英語学習者の場合，音声提示では，その語彙アクセスにいたる前段階の音声の「知覚」ができないことが多いため，提示方法は視覚提示とする。
(5)中級下位（lower intermediate）レベル（高校生）以上の学習者（社会人を含む）に利用できるようにする。

なお，これまで母語話者を対象にした語彙処理研究では，一般的に語彙性判断タスク（lexical judgment task）が利用されてきました。これは，視覚提示された単語が，実際に存在する単語であるか非単語であるかの判断をしてもらうものです。具体的には，刺激語が提示されてから，yes/noの反応キーを被験者が押すまでの時間をミリ秒単位で測定するものです。この課題の刺激語には，非単語を錯乱肢として含めます。この反応時間（語彙性の判断のための時間）は，メンタルレキシコンの語彙表象にアクセスする時間であると考えられています。

今回のCELPテストにおいて，何故この語彙性判断課題を採用しなかったのか不思議に思われるかも知れません。これは次の理由によります。

一般に，母語話者を対象に実施する場合には，英単語が提示されるや否や，その語が実在する語であると分かると同時に，自動的にその語の意味の理解も完了します。これが通例です。しかしながら，第二言語学習者の場合，単語・非単語の判断を求める語彙性判断テストでは，意味アクセスとは無関係に判断課題を遂行する可能性が否定できません。その場合，必ずしも意味の処理が保証されないことになってしまいます。そうすると，単語・非単語の語彙性判断では，単語の意味の理解の正確さやその反応時間をうまく測れなくなってしまう可能性が危惧されます。

事実，Miki（2010）は，日本人英語学習者（大学生）を対象に，英語の同綴り多義語（homonym；bear［熊，耐える］，bank［銀行，土手］など）の処理実験を実施しています。そこでは意味の関連性の程度を判断してもらう課題と，語彙性判断課題とを比較していますが，その結果，語彙性判断では必ずしも単語の意味を処理していないことを示唆するデータを提供してい

るのです。

　第二言語として英語を学ぶ日本人学習者にとって，実用的な語彙能力は，実在する単語であるか否かという判断よりも，実在する単語の意味情報にいかにアクセスできるか，その正確さやスピードのほうが重要なのではないかと考えたのは以上の理由によります。

3. 本調査の目的は？

　CELPテストには，既に述べましたようにテストAとテストBという2つのバージョンがあります。そして，これら2つは全く同レベルの等質なテストとして今後活用できることを意図しています。例えば，英語教師にとっては，日頃の授業実践や特定の指導方法の効果が，語彙運用能力の向上にいかに影響するかを正確に判定できるようになります。また，中級下位レベル（高校生）以上の学習者にとっても，例えば半年間の間隔を置いて両テストをみずから実施することにより，自身の英語学習の成果が語彙運用能力の伸長度にどの程度影響しているかが分かり，自己診断が可能になります。本調査の1つの目的は，テストA，テストBの2つのバージョンが，上記のような用途に利用できる等質なテストであるかどうかを検証することにありました。

　次に，プライム・ターゲットの英単語ペア100個より構成されているテストAおよびテストBがどれほど一定して同じ能力を測定する信頼できるテスト項目群になっているかについて，先に信頼性の測定方法(4)として挙げた，項目得点間の一貫性を評価するための方法（クロンバックのα係数を求める方法）を適用した結果についても報告したいと思います。

　最後に，英語の語彙の顕在的知識（顕在記憶）を測定するテストとしては，これまでもNation（2001）によるVocabulary Levels Test（VLT），望月（1998）および相澤・望月（2010）による「日本人学習者のための語彙サイズテスト」，Nation & Beglar（2007）によるVocabulary Size Test（VST）などが開発されています（島本［2010］を参照）。本調査の第3の目的は，CELPテストの妥当性を，上記の語彙知識を測定するテストの中でも最新のテストである，VSTとの相関関係を調査することでした。

　以上の3つの観点から，CELPテストの妥当性・信頼性について，検討した結果を報告したいと思います。

　すでに門田ほか（2010）では，6つの大学で第二言語として英語を学ぶ日本人学習者計698人（CELPテストA 338人，CELPテストB 360人）のデ

ータの分析結果を報告しています。しかしながら，同一の参加者が，テストAとBの両方を受験したわけではありません。1つの大学でほぼ均質な2グループ（クラス）を作成し，いずれかにテストAまたはBを実施してはいるのですが，厳密には，異なるサンプル集団を対象にした被験者間（between-subject）データと言えます。この点を克服すべく，被験者間データを報告した門田ほか（2010）の研究1とともに，研究2として，対象にした3つのテスト（CELPテストA，CELPテストB，VST）を1人ですべて受験した学部生73人を抽出し，この集団の被験者内（within-subject）分析を実施したデータについても併せて報告します。

4. 研究1

4-1. 参加者

　研究1の実験参加者は，関西を中心とする6つの大学で第二言語として英語を学ぶ大学生698人でした。テストAは12クラスの338人を対象に，またテストBは13クラスの360人を対象に，CALL教室あるいはパソコン教室にて実施されました。

4-2. 材料および手続き

　テストA，テストBのそれぞれについて，100語のプライム語と100語のターゲット語から成る計100の英単語ペアを作成し，プライミング法にしたがって（本書2部1章1を参照），実験参加者に提示しました（英単語ペアの総リストについては本書付録を参照）。

　実際のCELPテストでは，参加者は1人ずつPCに向かい，まずディスプレイ中央部に出された注視点（＋＋＋＋という印で提示される）に2秒間視点を固定するよう指示されます。その後注視した位置にペアの片方の語（プライム語）が所定の時間視覚提示され，ブランク画面の後，もう片方の語（ターゲット語）が視覚提示されました。各参加者はターゲット語の提示の時点から，できるだけ素早く正確に，プライム語とターゲット語の間に意味的な類似関係がみられるか否かを，Yes（キーボードのBを押す）あるいはNo（キーボードのNを押す）の反応をそれぞれ右手人差し指，中指を使って即座に行うことが求められました。

　実験は集団で実施されましたが，一人ひとりの参加者自身のペースで進められ，実施要領等の指示はすべてPCのディスプレイ上に提示しました。しかしながら，必要最小限の説明・指示は，実験者が口頭で行いました。

なお，課題に馴れてもらうための練習問題は，本実験の直前に，テストA・Bとも，9題ずつ実施されました。そのうち前半の約半数の反応については，その反応が正しいか間違っているかのフィードバックをPCディスプレイ上に提示しました。

4-3. データの集計方法
　CELPテストでは，各参加者が，

(a) 提示された各英単語ペア（計100ペア）が類義語であるかどうかの判断にどれだけ正しく解答したかという正答率（rate of correct response：CR），
(b) 正答であった場合の反応時間（correct response RT：RT(1)），
(c) 正答，誤答の両方の場合を含む反応時間（all response RT：RT(2)）

という計3種類のデータを収集しました。そしてその後，これらのデータをもとに，

(d) 処理効率指標（efficiency index：EffInx）

を算出しました。なお，(d) EffInxは，次の3ステップを経て計算されたものです。

① 1からCRを引いて，誤答率（rate of incorrect response：ICR）を出す。
② ICRとRT(2)をそれぞれz変換（偏差値変換）し，両方の数値を2で割る。
③ 上記②で得られた2つの偏差値を合計して，100から引いた値を計算する。

　上記①②の結果，CRとRT(2)の両方を反映した指標，すなわちターゲット語の意味の判断における処理効率がよければよいほど，値が小さくなるという数値になります。最後に③を適用して，英単語の処理効率が高いほど数値が大きくなるという，一般的に理解しやすい形の偏差値に変換し，これを処理の「効率指標」として算出しました（門田ほか［2010, 78］を参照）。
　「4-4. 結果と考察」では，CELPテストA・Bの結果として，上記(a)～(c)のデータをまず提示します。その後，CELPテストの(a)～(d)の各データ間

表1 CELP テスト A・B における正答率 (CR),反応時間 (RT (1)(2)) の結果

	CR Test A	CR Test B	RT(1) Test A	RT(1) Test B	RT(2) Test A	RT(2) Test B
N	338	360	338	360	338	360
Mean	0.820	0.830	1.169	1.167	1.225	1.229
SD	0.100	0.080	0.460	0.409	0.517	0.475

の相関係数(Pearson の偏差積率相関係数)の分析結果について報告します。

4-4. 結果と考察

(1)正答率および反応時間

本実験では,参加者の正答率(データ(a)),2種類の反応時間(データ(b)(c))がまず得られます。門田ほか(2010)では,これらのデータを,各実験参加者の100の英単語ペアに対する正答数の平均値,100の英単語ペアの類義性の判断に要した時間の平均値をまず計算しました。その後,テストで使われた各英単語ペアに対する,正答者数(正答者率),実験参加者が反応するまでに要した時間の平均値を算出しました。以上の2種類の集計のうち本書では,主な検討対象となる,前者の参加者毎に集計した結果について報告したいと思います。

表1は,テスト A・B 別に,正答率(CR)と反応時間(RT(1)(2);単位は秒)の記述統計(人数 N,平均 Mean,標準偏差 SD)を示しています。

正答率については,テスト A・B ともに平均値が80%を越える結果で,標準偏差も0.1,0.08と小さい値になりました。また,RT(1)(2)の2種類の反応時間はともに,CR に比べると値の分散が比較的大きいことが分かりますが,平均値は CR,RT(1)(2)のいずれにおいても,テスト A・B 間でほぼ同一であるという結果が出ています。事実,テスト A・B 間の平均値の差の検定(t 検定)を実施しても,CR,RT(1)(2)のいずれにおいても,有意差は全く見られず($t=1.486$, $t=0.082$, $t=0.087$),テスト A・B は極めて均質的で等価なテストであることがわかりました。

(2)相関分析

表2,表3は,テスト A・B 別に,正答率(CR)と反応時間(RT(1)(2)),さらには先に解説しました処理効率指標(EffInx)という上記(a)〜(d)の各データ間の相関値(偏差積率相関係数)を算出したものです。

表2 CELPテストAにおける正答率 (CR), 反応時間 (RT(1)(2)), 処理効率指標 (EffInx) 間の相関

	CR	RT(1)	RT(2)	EffInx
CR	1	−.104	−.090	.738**
RT(1)		1	.991**	−.742**
RT(2)			1	−.738**
EffInx				1

(** は 1% 水準で相関がゼロではないことを示す)

表3 CELPテストBにおける正答率 (CR), 反応時間 (RT(1)(2)), 処理効率指標 (EffInx) 間の相関

	CR	RT(1)	RT(2)	EffInx
CR	1	−.148**	−.132*	.754**
RT(1)		1	.971**	−.734**
RT(2)			1	−.743**
EffInx				1

(** は 1% 水準で, * は 5% 水準で有意な相関ゼロではないことを示す)

表2, 表3は次の結果を示しています。

① CRとRT(1)(2)との相関が, ゼロに近く, 有意な相関がない。
② これに対し, CRとEffInxとの相関は, 有意であり, r=.73, r=.75というかなり高い値になっている。
③ RT(1)(2)とEffInxとの相関も, r=.73〜r=.74というかなりの高い値になっている。
④ テストA・B間で, (a)〜(d)の各データ間の相関にほとんど相違はなく, テストA・Bは極めて等価で均質的である。

(3)信頼性

2番目の課題であるCELPテストの信頼性については, 正答率データにも

表4 CELPテストA, Bの信頼係数

	CR TestA	CR TestB
項目数	100	100
Cronbach α	0.89	0.85

とづく検証を行いました。表4は，テストA100ペア，テストB100ペアについてCronbach α係数を算出した結果を示しています。

テストA，テストBともに，Cronbach αの値は基準値0.8を大幅に超えており，テストA，Bの測定力は十分に信頼できるものであることがわかります。

4-5. 総合的考察

本実験でこれまで得られた主な結果をまとめると次の通りになります。

(1) 正答率（CR），反応時間（RT(1)(2)），効率指標（EffInx）のいずれにおいても，CELPテストA・B間には有意な差は認められない。
(2) CRとRT(1)(2)の間における相関係数は，ほとんどゼロで相関がない。
(3) CRやRT(1)(2)と効率指標（EffInx）との間には高い相関値が得られている。
(4) CR，RT(1)(2)，EffInxの各データ間の相関値で，テストA・B間には差がない。

(1)の結果は，テストAとBが極めて均質的で等価なテストであることを示しています。さらに，(4)の結果からも，CR，RT(1)(2)，EffInxの各データ間の相関値でテストA・Bに差がなく，この点でもテストA・Bが極めて均質的であることが明らかになっています。このことは，同一の能力を測定する語彙運用テストとして両者が活用できることを表しています。例えば，語彙運用能力（lexical processing capacity）を指標とするプリ・ポストテストデザインの研究や授業実践において活用することができます。すなわち，実験群に与えた処遇（例：音声のシャドーイング）が，統制群（例：音声のリスニング）と比べて，語彙処理能力の向上に，さらに大きく貢献するのかどうかといった問題を一定の処遇時間を設けて検討する縦断的（longitudinal）なプリ・ポストデザイン研究において，同一のテストを実施することなく，プリテストでテストAを使用し，ポストテストでテストBを使うといった形で活用できることを示唆しています。英語など第二言語の習得研究において，今後各種の教授法やトレーニングが語彙処理能力にどのような影響を与えるか調査しようとする際に，非常に有効なデータを提供してくれることと期待できます。

(2)の結果については，語彙の顕在的な知識を問う「語彙知識量＝正確さ（accuracy）」と，「語彙知識運用度＝流暢性（fluency）」とは，全く異なる

能力であることがわかります。すなわち，語彙知識量の測定では，語彙アクセスの自動性を達成している参加者も，じっくり時間をかけてはじめて語彙アクセスができる参加者も，反応さえ正しければそれで正解だと判定されます。その正答を導き出すまでにかけた参加者の心的努力（mental efforts）の大小や自動性の程度（degree of automaticity）などはいっさい考慮されません。これに対し，反応時間は，もちろんそのデータだけでは自動性や流暢性の度合いを測定するのに十分であるとは言えないかも知れません。しかし，上記の語彙知識運用度をかなりの程度は反映した指標になっているのではないかと考えられます。

　このように「語彙知識の正確さ」と，「語彙知識の流暢性」が乖離（dissociation）している原因として，本実験参加者が語彙アクセスをして正答を導き出すまでの認知過程というものが実はとても多様であり，個人差の極めて大きいプロセスであることが考えられます。同じ正答にいたったとしても，そこにいたるまでの心的エネルギーはまったく一様ではないのです。

　もちろん，参加者によって慎重さが異なり，正答かどうかを何度も確認しなければ気がすまないといった，参加者の性格も指標を左右する要因として関係する余地はあります。しかし，少なくとも従来からの指標である CR に比べれば，正解にいたるプロセスを反映したデータになっていると考えられます。

　最後に(3)は，CR と RT(2)にもとづく効率指標が比較的安定した語彙処理運用能力の指標となることを示唆しています。ただ，この効率指標についても全く問題がないわけではありません。この指標が参加者の語彙知識を構成している要素の何を表しているかが，実は定かではないのです。CR と RT(2)の 2 つをともに折半して合算した形の効率指標のデータがどのような心理的実在性を備えているのか問われると，実際にははっきり答えられません。しかしながら，テスト指標（データ）としてその高い弁別性を活用することはもちろん可能です。

5. 研究 2

5-1. 参加者

　参加者は，同一大学の同一学部において，第二言語として英語を学ぶ大学 1・2 年生計 73 人で，既に報告しました研究 1 におけるテストの受験者の一部を構成していました。すなわち，研究 2 の参加者は，すべてのテスト（CELP テスト A，CELP テスト B，VST）を受験した人達になります。

5-2. 材料および手続き

　研究1と同一のCELPテストAおよびBを，同一の手続きで実施しました。なお，テストの実施は，Windowsパソコンが48台備えられたCALL教室にて一斉に行われました。

　また，VSTについては，上記CELPテスト実施の1週間後に，ある程度の正答率が得られると予想できるLevel 1～6の60問に絞って，紙ベースで実施しました（付録2参照）。

　このVSTとCELPテストとの相関分析については，既に，倉本・島本（2010）で，495名の日本人英語学習者を対象にした分析結果の報告があります。しかしながらこの分析は，VSTとCELPテストAおよびBのそれぞれとの相関分析を行ったものではなく，CELPテストについて，CRとRT(1)のデータのみを取り上げて，VSTとの相関分析を実施しただけに留まっています。したがって，ここでは，CELPテストAおよびB，ならびにVSTの3つを受験した73名を対象にした，相関分析結果（偏差積率相関係数）について報告したいと思います。

5-3. データの集計方法

　CELPテストについては，研究1と同様に，(a)正答率（CR），(b)正答時の反応時間（RT(1)），(c)正答・誤答を含めた全ての項目における反応時間（RT(2)），(d)処理効率指標（EffInx）を算出しました。

　また，VSTについては，(e) VST全60問中の正答数の合計（満点60），および(f) Level 1 (First 1000) ～Level 6 (Sixth 1000) の各レベルにおける正答数（満点10）を出しました。

　以下の結果と考察では，CELPテストA，Bの(a)～(c)の結果，および(a)～(d)のデータ間の相関分析結果を示し，その後VSTの結果およびCELPテストAおよびBとVSTとの間の相関分析結果を報告します。

5-4. 結果と考察

(1)正答率および反応時間

　表5は，テストA，B別に，CRとRT(1)，(2)の記述統計（人数：N，平均：Mean，標準偏差：SD）を示しています。

　正答率については，研究1と同様，テストAおよびBともに平均値が80％を越える結果で，標準偏差もともに0.08と極めて小さな値になっています。また，正答率と2種類の反応時間の平均は，CR，RT(1)，(2)のいずれにおいても，テストAとテストBの間で全く等質であるという結果が再度

2. 英単語運用力測定ソフトを使おう　89

表5　CELPテストA・Bにおける正答率（CR），反応時間（RT(1)(2)）の結果

	CR Test A	CR Test B	RT(1) Test A	RT(1) Test B	RT(2) Test A	RT(2) Test B
N	73	73	73	73	73	73
Mean	0.862	0.853	0.964	0.969	0.999	1.000
SD	0.083	0.087	0.298	0.301	0.328	0.327

表6　CELPテストA・Bにおける正答率（CR），反応時間（RT(1)(2)），処理効率指標（EffInx）間の相関

	CR TestA	CR TestB	RT(1) Test A	RT(1) Test B	RT(2) Test A	RT(2) Test B	EffInx TestA	EffInx TestB
CR Test A	1	.871**	−.054	−.117	−.116	−.093	.747**	.665**
CR Test B		1	−.074	−.076	−.124	−.052	.666**	.725**
RT(1) Test A			1	.752**	.990**	.748**	−.699**	−.567**
RT(1) Test B				1	.734**	.994**	−.570**	−.738**
RT(2) Test A					1	.725**	−.747**	−.586**
RT(2) Test B						1	−.548**	−.725**
EffInx Test A							1	.837**
EffInx Test B								1

(** は1％水準で有意な相関があることを示す）

確認できます。実際に，対応のあるt検定の結果は，CR，RT(1)，(2)いずれにおいても，有意な差は全く見られないというものでした。

(2)相関分析

　表6は，CRとRT(1)，(2)，さらにはEffInxの各々のデータ間の相関値を示しています。

　次の結果が示唆されます。

表7 VSTテストの全体の平均得点，各レベルの平均得点

	VST Total	First 1000	Second 1000	Third 1000	Fourth 1000	Fifth 1000	Six 1000
N	73	73	73	73	73	73	73
Mean	32.781	8.082	5.945	6.068	5.534	4.110	3.041
SD	6.858	1.127	1.802	1.813	1.625	1.845	1.896

表8 CELPテストA・Bにおける正答率（CR），反応時間（RT(1)(2)），処理効率指標（EffInx）と，VSTの合計点・各レベル毎の点数との間の相関

	VST Total	First 1000	Second 1000	Third 1000	Fourth 1000	Fifth 1000	Sixth 1000
CR Test A	.469**	.417**	.401**	.292*	.382**	.305**	.165
CR Test B	.521**	.464**	.422**	.394**	.444**	.321**	.138
RT(1) Test A	−.343**	−.301**	−.220	−.326**	−.258*	−.147	−.176
RT(1) Test B	−.238*	−.103	−.201	−.222	−.192	−.007	−.222
RT(2) Test A	−.359**	−.335**	−.243*	−.323**	−.258*	−.162	−.179
RT(2) Test B	−.218	−.080	−.200	−.205	−.158	.003	−.224
EffInx Test A	.554**	.503**	.431**	.412**	.428**	.312**	.231*
EffInx Test B	.510**	.375**	.429**	.412**	.415**	.219	.249*

(1) CRとRT(1)，(2)との相関は，全く有意でない。
(2) CRとEffInxとの相関は，有意であり，r=.74〜r=.75といったかなり高い値になる。
(3) RT(1)，(2)とEffInxとの相関も，r=.69〜r=.74という高い値が得られる。
(4)(a)〜(d)の各データ間の相関は，テストA・B間でほぼ同じ傾向がみられる。
(5) 実際に，各指標におけるテストA・B間の相関は，r=.72からr=.87というように非常に高い。

(3) VSTの結果

表7は，VSTの合計点（満点60）と各レベル毎の点数（満点10）の記述統計（人数：N, 平均：Mean, 標準偏差：SD）です。

この結果も，当然のことかもしれませんが，既に報告された倉本・島本（2010）に近い傾向を示しています。レベル別には，全体としてFirst 1000

から Sixth 1000 まで徐々に平均値が下降する傾向があります。ただし，一部 Third 1000 で一旦平均値が向上するという現象が観察されます。

(4) CELP テストと VST との相関分析

表8は，CELP テスト A・B における正答率（CR），反応時間（RT(1)(2)），処理効率指標（EffInx）の各データと，VST の合計点および各レベル毎の点数との間の偏差積率相関係数を算出したものです。

主要な結果は次の通りです。

(1) VST の合計点については，CELP テストの CR との間で $r=.46 \sim r=.52$ と有意な相関がみられる。
(2) VST の合計点と CELP テストの RT(1)，(2) との間には，かろうじて有意であるものの，$r=.21 \sim r=.36$ とかなり低い相関しか得られない。
(3) VST の合計点と，CELP テストの EffInx の間には，$r=.51 \sim r=.55$ とやはり有意な相関が得られる。
(4) 各レベル毎に，CELP テストデータと VST データとの相関を比較すると，概して，First 1000 から Sixth 1000 へとレベルが上がるにつれて，相関が低くなる傾向がある。

以上の分析から，CELP テストの RT(1)，(2)と VST は，異質の能力を測定したデータであることがわかります。それに対し，CELP テストの CR や EffInx と VST との間では，まずまずの相関値が得られていますが，必ずしも高い値であるとは言えません。このことから，CELP テストの CR のデータも，EffInx も，VST とはかなり異質の能力を測定しているのではないかと考えられます。最後に，(4)の結果については，CELP テストが 3000 語レベルまでのかなり親密度の高い語を対象にして作成されていることが第一の原因ではないかと考えられます。

5-5. 総合的考察

研究 2 でこれまで得られた主な結果は，ほぼ研究 1 の結果を再確認するものになっています。再度，主なものをまとめます。

(1) CR，RT(1)，(2)，EffInx のいずれにおいても，CELP テスト A と B の間には有意な差は全くない。
(2) CR と RT(1)，(2)の間における相関係数は，ほとんどゼロに近い。

(3) CR や RT (1), (2)と EffInx との間の相関値は有意である。
(4) CR, RT (1), (2), EffInx の各データ間の相関値で，テスト A と B に差はなく，極めて均質的である。
(5) 必ずしも高い相関があるとは言えないものの，テスト A と B の EffInx と VST 間では，まずまずの相関値が得られる。

(1)および(4)の結果から，テスト A と B が極めて均質的で，同一の能力を測定する語彙テストとして活用できることが再度確認できます。また，(2)の結果からも，研究 1 で考察したように，語彙の正確さと流暢性の間には乖離がみられることが分かります。この原因は，既に考察しましたように，同じ正答に至ったとしても，実はそこにかける心的プロセスやエネルギーが一様でないことが挙げられるでしょう。さらに，(3)の結果は，効率指標（EffInx）をテストデータとして活用することが可能であることを示したものとなっています。このことは，(5)の結果で，CELPテストのEffInxとVSTとの間に，まずまずの相関値が得られたことからも支持できると思われます。

反応時間は確かに単語処理など言語の認知処理研究に関しては万能なツールとは言えません。しかし，正答率とミックスして処理効率指標を算出することで，これまでの正答率だけではわからない語彙の処理能力，運用能力の測定が可能になると言えます。

6. おわりに

本章では，研究 1 と研究 2 を通じて，CELP テストの A と B の両バージョンの妥当性および信頼性の検討を行った結果を報告しました。その結果，英語の語彙処理能力において，単語を知っているという顕在的知識と，それをいかに効率的に運用できるかという潜在的な手続き知識が日本人英語学習者の場合には異質の能力であると言えます。

さらに次章では，CELP テストをどの様に活用できるのか，学習者の立場と，指導者の立場の両面から，検討したいと思います。

3 テストの実施方法と注意点

概　要

ここでは付録のソフトについて解説します。本テストの画面がどのように提示され，どのようにテストが進行していくかを説明します。その中で，より正確に単語運用力を測定するための注意点として，指の位置，休憩，ランダム提示，テストに要する時間などに触れます。また結果の出力では，エクセル出力データの見方，正答率と反応時間について解説します。

キーワード

練習画面，エクセルデータ，正答率，反応時間

1. テストの実施方法とその注意点

　ここでは付録ソフト（CD-ROM）の使い方を解説します。これまでCELPテストの意義，そしてテストが日本人学習者のどういった語彙力を測定しようとしているのかについて解説してきました。皆さんの語彙力が「使える語彙力」なのかどうかを判定するには，より正確に語彙アクセス速度を測定する必要があります。以下の手順に従い測定してみましょう。

(1) テスト実施用の PC 環境
　CELP テストがお使い頂ける OS のバージョンは Windows XP 以降です。

付属ソフトをPCに挿入し，CELPテストのフォルダーを開けて右の画面を表示させます。「ユニオンジャック」のファイルがテストのアプリケーションです。ほかに練習用の語彙ペアリストのファイルが2つ，本テストのリストファイルが1つあり，3つともエクセルファイルです。テストを開始するには，アプリケーションファイルをクリックします。

(2)開始画面

　右のようなテスト開始の画面が表示されます。番号の欄には適当に番号を入力してください。名前の欄にローマ字で名前を入力してください。「次へ」をクリックしてください。ここで入力した番号，名前が結果の出力時のファイル名に表示されます。

(3)インストラクション画面1

　次に右の画面が表示されます。これはテストの目的についての解説ですので，よく読んでからスペースキーを押して次に進んでください。

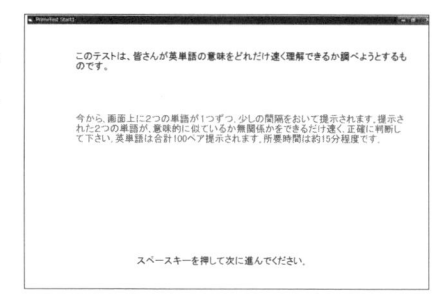

(4) インストラクション画面2

この画面では，CELP の類義性判断のプライム語とターゲット語が画面でどのように提示されるかを解説しています。よく読んでその流れを理解してください。

(5) インストラクション画面3

ここではコンピュータのキーボードの解答キー（B と N）に，どの指を置けばよいかを解説しています。間違えればテストの結果に影響しますので，指の位置を確認してください。画面の指示では「スペースキー」は左手か右手の人差し指を使うよう指示していますが，利き手の親指のほうがよい場合は，それでも結構です。

(6) 練習画面1

ここから練習問題が始まります。練習問題の意図は，「意味が似ている」とはどの程度か理解すること，またキーの押し方に慣れることです。ここでもう一度，B が「似ている場合」N が「似ていない場合」ということを心に言い聞かせてください。

2．英単語運用力測定ソフトを使おう　97

(7)練習画面 2

　ここから練習問題が始まります。右上に「あと〜問」という表示が，残りの問題数を示しているのを確認してください。スペースキーを押せば早速練習問題が表示されます。

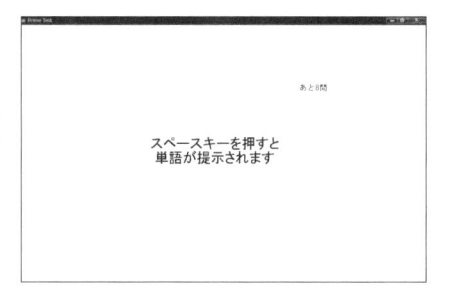

(8)練習画面 3

　画面中央の＋＋＋＋を見つめてください。そこにプライム語→ターゲット語の順に表示されますので，BかNで解答してください。速さを測定しますので，「正確に速く」を意識してキーを押してください。
　以下の例として一問目の画面を紹介します。

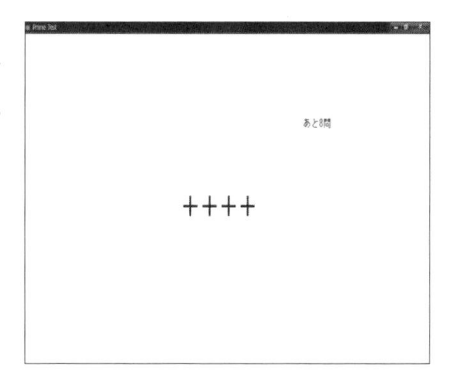

(9)練習画面 4

　左がプライム語で右がターゲット語です。意味が似ているかどうかを判断して，BかNを押します。

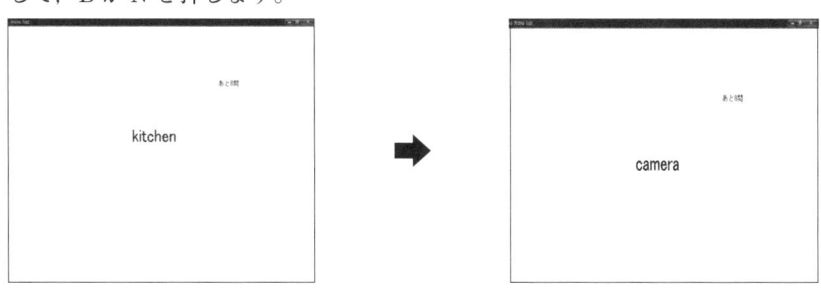

(10) 練習画面 5

練習問題の前半は解答と速度が下に表示されます。類義性の程度をこれで理解してください。またキーが速く押せているかも確認してください。解答が表示される練習問題は 5 問続きます。

(11) 練習画面 6

この画面は授業で使用するために挿入しています。授業で使用される場合は，ここで生徒にテストのやり方を理解できたか尋ねてください。

この画面に用が無ければ無視してスペースキーを押し次に進んでください。

(12) 練習画面 7

ここから更に 4 問練習問題が提示されます。ここでは答えが表示されません。本番のつもりで問題に挑み，主にキーの押し方に慣れてください。

⑬練習画面 8

以下の画面から問題が始まります。合計 4 問提示されます。

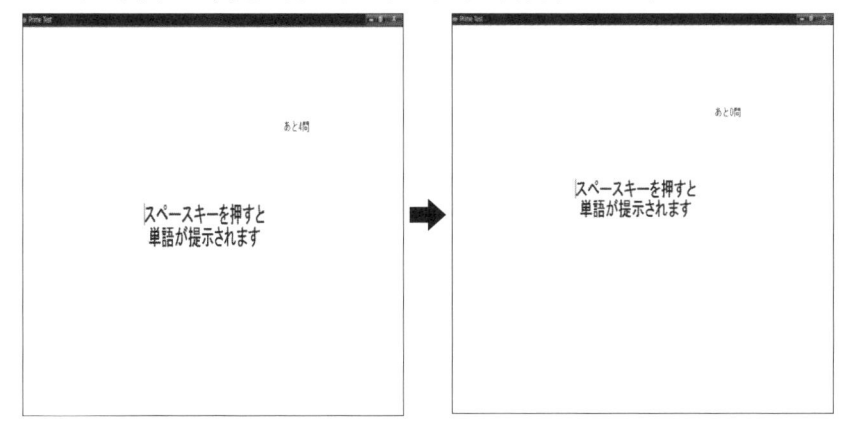

⑭テスト本番画面 1

ここで練習が終了し，本番のテストの画面に入ります。その前に再度 B と N のキーの役割ついて正しく理解しているか確認してください。

ここで確認するべき点ですが，本番ではテストが始まると前の問題には戻れません。これは本テストの目的が速度を測定することであるからです。

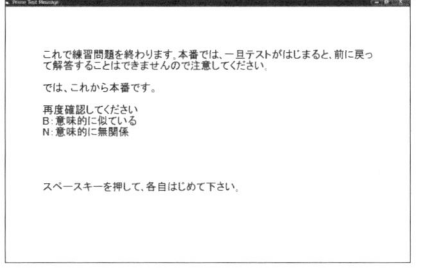

⑮テスト本番画面 2

「＋＋＋＋」の画面から開始されます。右に「あと 100 問」と表示されているのを確認してください。問題を解くたびに数字が減っていきます。

B と N のキーに正しく指が置かれているか，もう一度確認し，用意ができたらスペースキーを押してテストを開始してください。次頁の画面が提示されたら意識を　＋＋＋＋　に集中させて問題に挑んでください。100 問連続で続きます。所要時間は約 15 分，長くとも 20 分程度です。

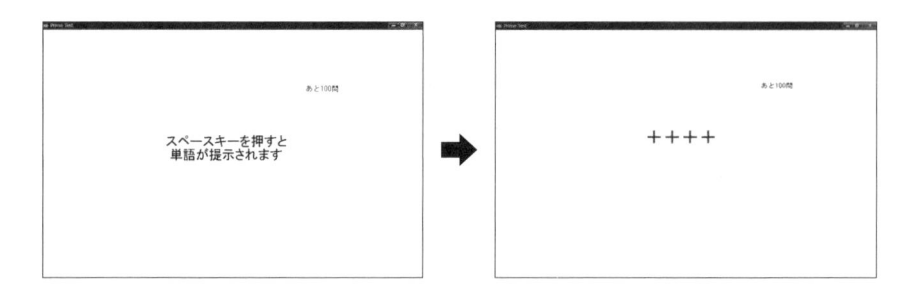

⒃ テスト本番画面 3

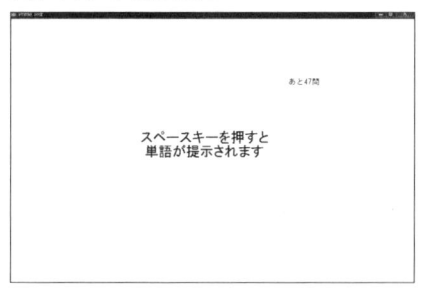

本番テストについては 100 問全てを連続して解答する必要はありません。目やキーを押す指が疲れたら途中で少し休憩してください。

何問目であっても左の画面の状態であれば，このまま休憩できます。測定値の正確さを上げるためにも，疲れたら休憩してください。

⒄ 終了画面

100 問全て解き終えると左の終了画面が出ます。スペースキーを押すと画面が自動的に閉じられます。

その後に結果が自動的にエクセルファイルで出力されます。

本テストはＡとＢの 2 種類のテストが用意されています。また問題の提示順については，テストを施行するたびに変わる仕組みになっています。これは類義語の判定が単語ペアの提示順に影響されないようにするためです。

次に結果の読み方について解説します。

2. テスト結果の見方とその解釈

2-1. 出力結果の見方

本番テストが終了すると自動的に結果のエクセルファイルが保存されます。保存される先は，CELP テストが入っているフォルダー内です。以下のように表示されます。

矢印で示したファイルです。開始画面で入力した番号と名前通りに結果のファイル名が表示されます（例：1234_Yoshida.csv）。

結果のファイルをクリックすると以下の集計表が表示されます。

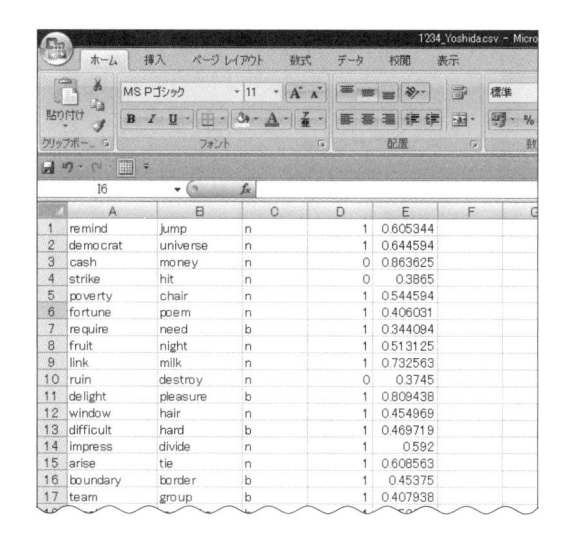

結果は CSV ファイルの形式で保存されていますので，上書き保存をすれば再度 CSV ファイルで保存され，集計ソフトで操作できるようになります。各列が何を示しているかは以下の通りです。

A 列：プライム語
B 列：ターゲット語
C 列 b：「意味が似ている」のキーを押した
　　　n：「意味が異なる」のキーを押した
D 列：1（正解）　0（不正解）
E 列：反応時間（アクセス速度）

どの単語のペアの解答を間違えたのか，またどのペアについて反応時間が遅いのか確認してください。反応時間は ms（ミリセカンド）で表示されます。0.7 だと 700 ミリセカンドで 1.2 だと 1200 ミリセカンドで 1 秒以上かかっています。

2-2. 正答率と反応時間の算出
(1)正答率

正答率の計算は D 列を以下のように選択して関数 =AVERAGE（D1：D100）と入力します。

(2)全体の平均反応時間

全体の平均反応時間はE列を以下のように選択して関数

＝AVERAGE（D1：D100）

と入力します。

(3)正答のみの平均反応速度

　語彙アクセスは，意味にアクセスするまでの時間ですので，正答のペアのみの平均反応速度を見る必要があります。不正解の場合は意味が分からなかった可能性が高いので，意味に正確にアクセスしたかどうか分からないからです。

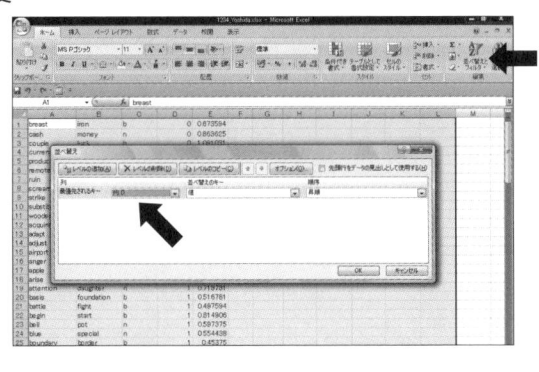

　正解のみの平均反応時間を計算する場合，まずセル全体を選択してから，右上の「並べ替えとフィルター」をクリックして列Dを選択しOKをして，並び替えます。

列Dの1のセルに対応した反応時間のみ選択して平均値を出します。

本テスト開発後に698名の異なる大学の学生に受験してもらった結果は以下のとおりでした。テストAもBもいずれも異なるグループによるデータですが，いずれもほぼ平均値が同じです。日本人大学生のCELPテスト平均の目安として参考になるでしょう。

		受験者数	平均	標準偏差
Test A	正答率	338名	0.82	0.1
	全体反応時間 (ms)		1.225	0.517
	正答反応時間 (ms)		1.169	0.46
Test B	正答率	360名	0.83	0.08
	全体反応時間 (ms)		1.229	0.475
	正答反応時間 (ms)		1.167	0.409

正答の反応時間の速さについては，1.2秒というのはまだ充分な速さと言えないでしょう。1-4でも説明されているように「円滑なコミュニケーションでは1秒以内（ほぼ数百ミリ秒）」という短時間で言語情報が処理されます。やはり1秒以内（0.7秒程度）まで反応速度を高めることが理想でしょう。

3

CELP テストの活用法

1 活用法その1：英語学習者のためのテスト活用法

概要

前半部では，プロの翻訳者，通訳者や国内外の企業で英語を使って仕事をする人にとって，語彙サイズや語彙の深さの知識だけでなく，語彙処理の自動化が重要であることを解説します。後半部では，コミュニケーション能力，特に流暢なリーディング力やリスニング力の発達度を知る一つの指標としてCELPテストが活用できることを解説します。

キーワード

コミュニケーション能力，認知容量，思考の適応制御理論，事例理論，言語処理効率理論，視認語彙，プライミング効果

1. プロの英語力にはなぜ単語認知の自動化が必要か？

通訳者，翻訳者，英字新聞記者などの英語のプロと言われる人達は当然のことながら高度に熟達した英語力を持っています。英語の母語話者にも匹敵するほどの豊富な語彙量，文法の知識を持っています。しかし，知識だけ持っていても，実際の言語使用の場面でリアルタイムに使えなければ仕事ができません。文字や音声で入ってくるインプットを即座に理解し，内容を考えます。自分の意見をまとめながら，即座に適切な単語や表現を想起してアウトプットします。このようなコミュニケーションに「使える」語彙力には，速く，正確で，自動的に単語を処理する能力が必要とされます。特に流暢なリーディングになぜ自動的な単語処理，自動化された単語認知が必要かを考えてみましょう。

なぜ流暢なリーディングに単語認知の自動化が欠かせないのかはワーキング・メモリの働きと関係があります。図1が示すように，ワーキング・メモリは中央実行装置（central executive），音韻ループ（phonological loop），

```
                 central
                executive
              ↙     ↓     ↘
  ┌──────────┐ ┌──────────┐ ┌──────────┐
  │phonological│ │ episodic │ │visuo-spatial│
  │   loop    │ │  buffer  │ │ sketchpad │
  └──────────┘ └──────────┘ └──────────┘
  ┌──────────┬──────────────┬──────────┐
  │          │  short-term  │          │
  │ language │↔  episodic  ↔│  visual  │
  │          │    memory    │semantics │
  └──────────┴──────────────┴──────────┘
```

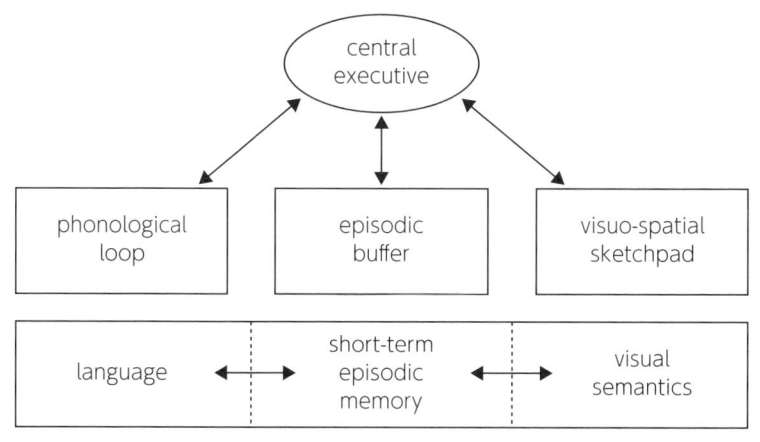

図1　Baddeley のワーキング・メモリのモデル (Baddeley 2000, 421)

視空間スケッチパッド（visual-spatial sketchpad），エピソード・バッファ（episodic buffer）で成り立っています（Baddeley 2000）。中央実行装置には2つの働きがあります。短期的に記憶をする機能と入ってきた情報を処理し，意味的に一貫したものになるように統合する機能です。また入ってきた情報は約2秒をこえるとなくなってしまう（Baddeley, 2002）ので，現在進行中の認知活動に必要な情報は，その情報を維持するために心の中で音声化されて繰り返されます。これが音韻ループの働きです。多くのリーディング・モデルではこのワーキング・メモリの働きを取り入れています。例えば，Just & Carpenter（1980）の「容量が制約された読み手モデル（capacity constrained reader model）」（次頁図2参照）では，読み手のワーキング・メモリの処理容量には制約があるので，効率的な読解がなされるためには，デコーディングや単語認知が自動的でないと，統語処理や意味情報の統合をすることが同時並列的になされなくなります。単語認知が自動的に処理されても，統語処理がワーキング・メモリの処理容量を越えてしまえば，同時に意味情報の統合ができなくなります。すなわち，下位の処理に必要とされる容量がワーキング・メモリの処理容量を越えてしまうと，上位の処理に認知資源を回せなくなってしまい，読みの速さと正確さに支障をきたします。

　同様に Samuels（2006）の読みの流暢さのモデル（model of reading fluency）で初級レベルの読解処理を次頁図3のように説明しています。A（attention）は，注意資源とか認知資源のことです。注意（資源）とは，ワーキング・メモリの処理容量にあたります。このモデルは母語話者のリーディング・モデルである simple view of reading model（Hoover & Gough

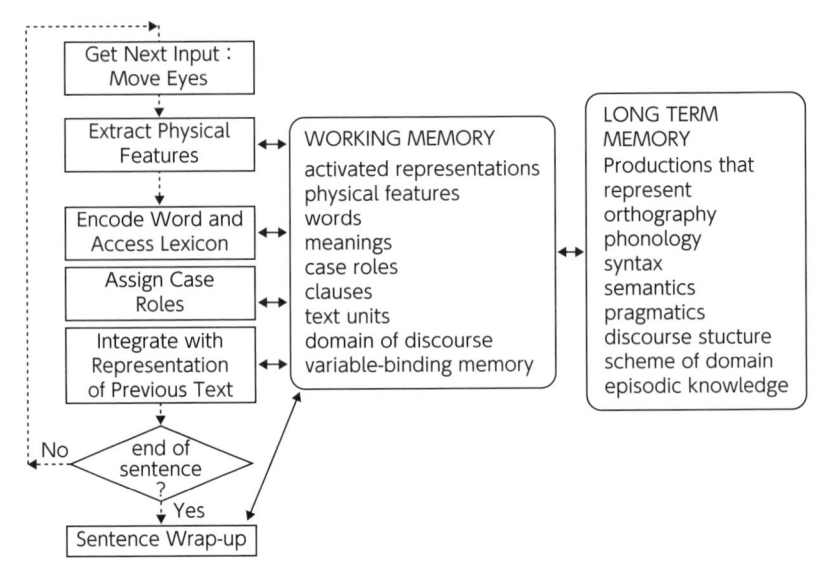

```
                    ┌─────────────────┐
            ┌──────→│ Get Next Input: │
            │       │   Move Eyes     │
            │       └─────────────────┘
            │                ↕
            │       ┌─────────────────┐
            │       │ Extract Physical│
            │       │    Features     │
            │       └─────────────────┘
            │                ↕
            │       ┌─────────────────┐
            │       │ Encode Word and │
            │       │ Access Lexicon  │
            │       └─────────────────┘
            │                ↕
            │       ┌─────────────────┐
            │       │  Assign Case    │
            │       │     Roles       │
            │       └─────────────────┘
            │                ↕
            │       ┌─────────────────┐
            │       │  Integrate with │
            │       │ Representation  │
            │       │ of Previous Text│
            │       └─────────────────┘
            │                ↕
         No │          end of
            └─────     sentence?
                         Yes
                         ↓
               ┌──────────────────┐
               │ Sentence Wrap-up │
               └──────────────────┘
```

WORKING MEMORY
activated representations
physical features
words
meanings
case roles
clauses
text units
domain of discourse
variable-binding memory

LONG TERM MEMORY
Productions that represent
orthography
phonology
syntax
semantics
pragmatics
discourse stucture
scheme of domain
episodic knowledge

図2　ワーキング・メモリを取り入れたモデル（Just & Carpenter 1980）

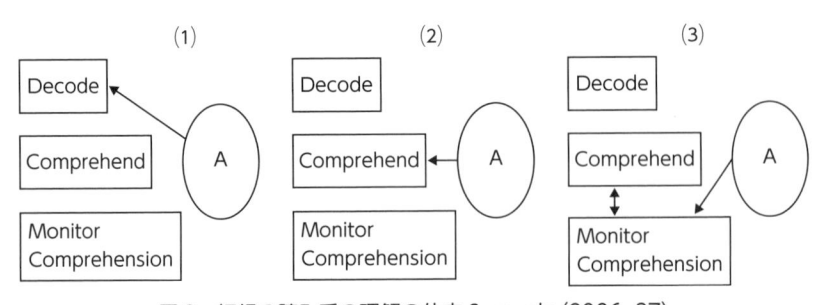

図3　初級の読み手の理解の仕方 Samuels (2006, 37)

1990）に基づいています。母語話者の場合，リーディングを習い始めた時，すでに口頭でのコミュニケーションはできているので，文字を音声化すれば，その音声を聞いて理解ができます。図3(1)では，デコーディングにほとんどの注意資源を使ってしまい，同時に理解やモニタリングができない状態です。図3(2)では，新しく注意資源が理解に使われ，モニタリングが同時にできない状態です。図3(3)では，理解ができた後，理解が満足できるものかどうかを知るため，注意資源がモニタリングに向けられます。流暢な読み手の場合，デコーディング，理解，モニタリングの処理が同時に行われますが，デコーディングやモニタリングは自動化され，ほとんど注意資源は使わ

れません。残りの注意資源は理解に使われますので，速く，正しく理解されます。

上記の3つのリーディング・モデルは全て第一言語話者のモデルですが，第二言語話者の場合，語彙知識も統語知識も十分ではありませんから，第二言語話者のリーディングは，母語話者のリーディングほど簡単ではありません。ワーキング・メモリの容量には制約がありますから，流暢に読めるようになるには，デコーディング，意味アクセス，統語解析などの下位の処理が自動化されることが必要条件になります。多読や多聴によって目標言語をできる限り多く処理する以外に方法はありません。

2. 母語話者と同じ概念で英語の意味をとらえられているか？

Kroll & Stewart（1994）の改定版階層モデル（revised hierarchical model：RHM）によると，図4が示すように，第二言語（L2）を使う時，語彙リンク（lexical links）も概念リンク（conceptual links）も使われますが，L2の能力が低い学習者は母語（L1）を介して概念にアクセスするルート（語彙リンク）の方が概念に直接アクセスするルート（概念リンク）より勝っています。L2の能力が発達するにつれて，L2と概念のリンクが強くなり，概念へのアクセス速度が速くなり，L2から直接概念にアクセスしているように見えます。また，L2の単語からL1の単語への翻訳の方がL1の単語からL2の単語への翻訳よりも処理時間は短くなります。L2からL1へのリンクは点線のL1からL2へのリンクよりも強化されていることが実線で示されています。普通L2を学び始める頃には，L1とその概念とのリンクが確立さ

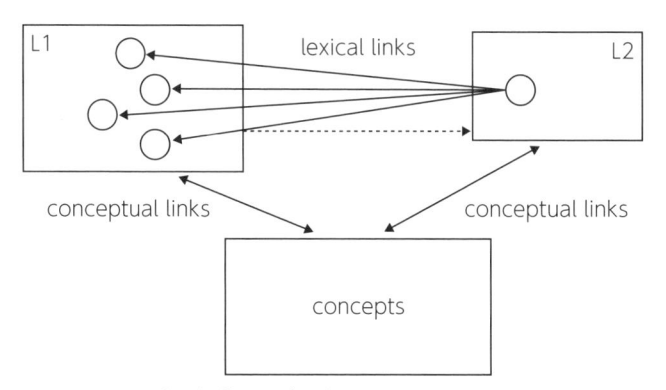

図4　改訂版階層モデル (Kroll & Tokowicz 2005)

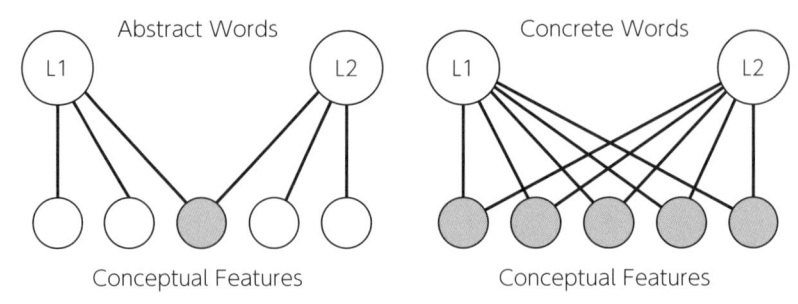

図5　分散概念素性モデルによる具象語と抽象語 (van Hell & de Groot 1998)

れていて，L2の学習では，L2の単語をL1の単語に訳すことによって単語の意味を学ぶことが行われているからだ，とKroll & Stewart (1994) は指摘しています。

図5（右）ではL1の単語が表象する概念もL2の単語が表象する概念も同じように捉えています。これは初期のバイリンガル・レキシコンの研究では，具象名詞を用いることが多かったからです。しかし，実際にはL1とL2の語の概念が一致することが少ないことを経験上私たちは知っています。Kroll & de Groot (1997) の唱える分散概念素性モデル (distributed conceptual feature model) では，L1とL2の意味素性や概念素性の違いを考えている点で意味のあるモデルです。図5（左）は抽象語の概念素性がL1とL2の間で一致することが少ないことを示しています。

　母語話者が持つ抽象語の概念をつかむことが学習者に求められますが，訳語を介した概念の理解に留まっている場合が多いと思われます。母語話者の持つ概念に近づくとはどのようなことなのかを多義語を例に考えてみましょう。鈴木 (1973) は多義語 break に訳語を与えると，訳語が独り歩きしてしまう危険性を指摘しています。例えば「窓ガラスを割る」(to break the window)，「足を折る」(to break one's leg) や「切る」，「破る」など多くの日本語に break は言い換えることができます。訳語のまま覚えてしまうと，「紙を折る (fold)」を "to break paper"，「スイカを割る (cut)」を "to break a watermelon（海水浴場で棒でスイカを割る場合には可能な表現）" のように間違った使い方をしてしまいます。

　図6が示すように，「わる」，「おる」，「きる」は英語の break の一部の意味で，日本語の「わる」，「おる」，「きる」には日本語の別の意味が含まれます。英語母語話者の持っている break のコアな概念「刃物以外の外力を急に加えて，何かを二つ以上の離れた部分にすること（鈴木 1973, 14）」を理解

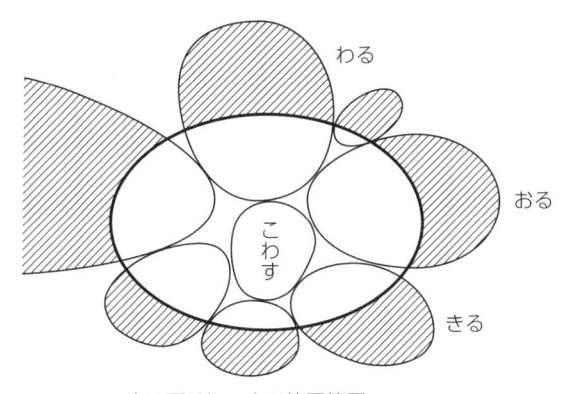

図6 break とその訳語との関係 (鈴木 1973, 9)

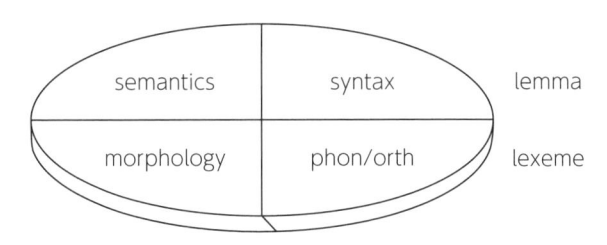

図7 語彙エントリーの内部構造 (Jiang 2000, 48)

することが英語学習者の目標になります。このように和訳によって活性化した概念を母語話者の持つ英語の概念に近づけることを意味の再構築 (restructuring) と言います。

では第二言語学習者の場合,どのようなプロセスを経て語彙の再構築ができるのでしょうか？英語の習熟度が上がれば再構築も進むと考えられますが,上級学習者の場合,単語の意味の再構築がどの程度できているのでしょうか？Jiang (2000) の意味転移仮説 (semantic transfer hypothesis) によると,母語話者が持つ語彙エントリーの内部構造は,図7が示すように,意味情報 (semantics) と統語情報 (syntax) から成るレンマ (lemma),形態素情報 (morphology) とスペリングと発音に関する形式情報 (phon[ology]/orth[ograpy]) からなるレクシーム (lexeme) を含んでいます。

大人の第二言語学習者の語彙の発達は図8のように3段階を経ると言われます。第一段階は語彙連想の段階,すなわち第二言語の音声や文字の形式に

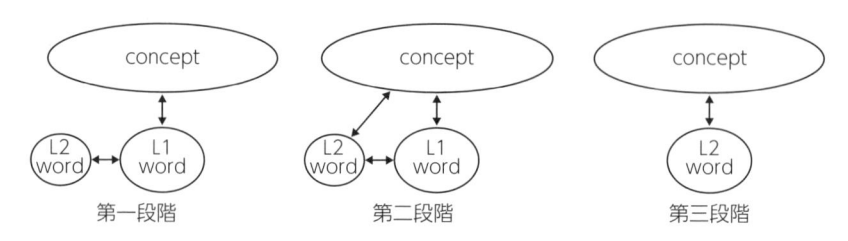

図8　三段階の語彙発達 (Jiang 2000, 50-54)

触れると母語に翻訳され，訳語の意味概念を思い浮かべる段階です。第二言語の形式だけが学習され，第二言語の情報がないレンマに第一言語の意味情報が転移（semantic transfer）する段階です。第二段階は，第一言語のレンマの情報が仲介する段階で，第二言語の形式と第一言語の意味情報の結びつきが強くなり，自動的に活性化されるようになります。一方，第二言語の単語に文脈の中で触れることによって，ある単語は少しずつ第一言語の意味情報が修正され，再構築されていきます。すなわち，第一言語の意味情報と第二言語の意味情報が混在している状態です。最後の第三段階は，第二言語のレンマのエントリーが，第二言語学習者の持つ意味情報に置き換えられ，第一言語の意味情報が捨てられた状態です。しかし，このモデルは，第二言語の多くの単語は化石化し，第三段階までは進まないことを示唆しています。

　Tagashira（2007）は，上級の日本人英語学習者（TOEICテスト730点以上，TOEFLテスト550点以上，STEPテスト準1級以上取得者）を被験者にして，母語の意味情報が転移しているのか，それとも転移した意味情報の再構築を終えて，母語の意味情報からの影響をうけなくなっているのかを明らかにしようとしました。図9のように，英語の刺激語と目標語が1）同じ訳語を持つ英語のペア，2）異なる訳語を持つ英語のペアと意味的に無関係な英語のペアを使って，その二語が同義語かどうかの同義語判断課題を課しました。意味転移仮説からすると，第二言語の単語の意味理解を母語の意味情報に頼っている場合，異なる訳語を持つペアの方が同じ訳語を持つペアより同義語かどうかの意味判断に時間がかかることが予測できます。なぜなら異なる訳語を持つペアの場合，日本語訳から二つの意味情報が出てきます。被験者は二つ語の意味情報を比較し同じ意味の単語か，異なる意味の単語かを判断しなければなりませんから，時間がかかることが予測されます。結果は，異なる訳語を持つペアが同義語かどうかの判断にかかる反応速度は同じ訳語を持つペアの反応速度よりも遅く，統計的に有意な差があることを示しました。熟達度の高い日本人英語学習者でも，第二言語の単語の意味処理に

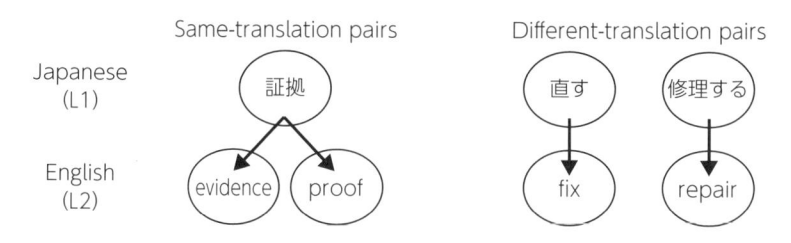

図9 同義語判断課題 (Tagashira 2007, 146)

母語の意味情報を使って理解していることがわかります。

3. 英語学習における CELP テストの活用法

3-1. 視認単語（sight word）研究からみた CELP テスト反応速度

　第1部3章の始めに紹介した視認単語の実証研究は数字と文字を音読する際の反応速度と単語を音読する際の反応速度を比較し，その反応速度が同じになった速さを視認単語と判断する基準としました。第二言語習得研究ではこのような実験がほとんど行われていません。藤田（2011）は，被験者の「単語の読み上げ時間の方が文字の読み上げ時間より速くなった（p.132）」ので，音読課題の代わりに，英語のアルファベットかどうかを判断する文字判断課題と英単語が単語か非単語かを判断する語彙性判断課題を用いて，文字と単語の認知時間を測定しています。音読課題は認知課題よりも，音声化という負荷がかかるため，より時間がかかると思われます。第二言語の場合は，音声化できたとしても意味が分かっているかどうかが問題です。音読課題にしろ，文字や単語の判断課題にしろ，意味が介入していないので，CELP テストの反応速度と音読課題や認知課題の反応速度とは単純に比較はできません。そこで，音読課題，認知課題および CELP テストのプライミング課題における処理プロセスの違いを検討してから，自動化したと判断できる反応速度を考えてみます。

　プライミング課題を使った実験ではプライム語が提示され，その刺激によって活性化された概念や訳語とターゲット語のそれが同じであれば，ターゲット語の処理は促進されます。その場合，ターゲット語が提示されてからの反応時間を測定しますが，プライム刺激が日本語の訳語を活性化させるか，その英語の持つ概念を活性化させるかによって，またターゲット語がプライム語と類義語なのかそうでないのかによって，プライミング効果に差が出てくることが予測されます。第1部3章の2節ですでに述べたように，数字や

文字を読む時間と単語を読む時間が等しくなる点が自動化への変わり目だとしますと，それは平均700ミリ秒前後に相当するという実証研究があります(Aaron et al. 1999)。CELPテストの場合には，ターゲット語が提示された時，プライム刺激によって活性化された意味と同じかどうかによって，類義語かどうかの判断がなされます。この際，プライム刺激によって活性化された意味とターゲット語の意味が似た意味であれば促進効果（プライミング効果）により，反応速度が速くなることが予測されます。このように単語の意味が介入してくるので，音読課題の視認語彙への転換点である平均700ミリ秒前後に対して，第二言語学習者のYES反応とNO反応を含めた正答の反応速度の場合，800ミリ秒から1000ミリ秒を転換点の目安にすればよいと思います。

3-2. 自動化とCELPテストの反応速度

自動化を判断する手立てとしての反応速度を使った変動係数（CV）については，更なる研究の積み重ねが必要です。自動化の判断については，研究者によって様々な方法が使われます。特に事象関連電位やfMRIを使った脳研究では脳内の自動化された状態を明らかにできるようになってきていますので，それらの結果と反応時間とを関係づければ，自動化された状態を反応速度で示すことが可能になるでしょう。

Hulstijn, Van Gelderen, & Schoonen (2009) が示した実証研究する際のデータの処理について考慮すべき点は反応速度を評価する際に参考になります。それは，①母語話者などにテストをやってもらって，反応速度の限界を知ること，②反応速度の遅すぎるデータ，速すぎるデータをどのように判断するか，です。

ここでは大学生360人に実施したCELPテストBの結果（門田ほか 2010, 76）と二人の母語話者の大学教員に実施した結果を比較します。

まず，表1の大学生のデータは速すぎるデータ，遅すぎるデータが取り除かれています。表2の場合は，正答の反応時間になっていますが，押し間違いが2, 3項目あるだけで，全体の反応時間とみてよいと思われます。母語話者1の反応速度の最小値が390ミリ秒になっていますが，film-movieのペアだけで，次に速い反応は578ミリ秒で，その次は600ミリ秒台であって，700ミリ秒台と800ミリ秒台が多くみられます。母語話者2の反応速度の最小値は499ミリ秒で，16ペアが500ミリ秒で，700ミリ秒台と800ミリ秒台が圧倒的に多くなっています。それでも母語話者1の平均反応時間が1,000ミリ秒に近いのは，母語話者の場合，No反応の反応速度が1,000ミリ秒と

表1 大学生のCELPテストの反応時間に関する記述統計

	被験者数	平均	最小値	最大値	標準偏差
正答数	360	0.83	0.46	0.98	0.08
Yes反応の反応時間	360	1.167	0.526	2.753	0.409
両反応の反応時間	360	1.229	0.543	3.590	0.475

表2 英語母語話者のCELPテスト（正答の反応時間）の結果に関する記述統計

被験者数	平均	Yes反応の平均	No反応の平均	最小値	最大値	標準偏差
母語話者1	0.977	0.891	1.071	0.390	1.874	0.285
母語話者2	0.835	0.704	0.981	0.499	1.984	0.309

Yes反応の反応時間よりも遅くなっています。日本人大学生と同様に，Yes反応の場合，プライム語で活性化された概念がターゲット語の概念と合致すれば，反応は速くなる可能性があります。No反応の場合は，提示された意味的に関連のないペアを慎重に吟味している姿勢が伺えます。この種のテストに慣れれば，反応時間は短縮すると予測されます。英語母語話者や英語の習熟度の高い学習者の実験結果から，視認語彙での議論と同じように，全反応速度が800ミリ秒台から900ミリ秒台を自動化された語彙アクセスの目安とします。ただし，このデータはたった二人の母語話者のデータで言えることなので，さらに多くの母語話者のデータが必要です。

3-3. 流暢な読解力の発達を知るCELPテストの活用法

　流暢な読解力とは，速く，容易に，正確に読め，適切な表現で適切に語句を句切って読む能力です（Grabe 2009, 291）。読解力を構成する要素は単語認知力，統語解析力，内容を理解する力，ワーキング・メモリや背景的知識などが関係しますので，単語認知力は読解力を構成する一要因にすぎません。しかし，第一言語の研究では，読解力の違いは単語認知能力の違いに起因すること（Perfetti 2007），単語を読む力と読解力の間の相関は高いこと（Cain 2006, 65）が実証されています。実際熟達した読み手は，熟達していない読み手よりも，様々な単語認知タスクにおいて処理がより速く，正確です（Koda 2005, 39）。優れた読み手は文脈情報を利用するよりも速く単語認知をしますし，そうでない読み手は単語認知が困難なので文脈情報に頼ります（Grabe 2009, 28）。第二言語の流暢な読解と単語認知能力の関係に関

する研究はまだあまり行われていません。初級・中級学習者の流暢な読みにおいては効率的な単語認知力の影響は大きいと考えられます。

　流暢な読解力と効率的な単語認知力は，正確さと処理の速度の両方を勘案する処理効率により算出されます。処理効率は「(各テストの誤答のZ値＋各テストの正答時の処理時間 [反応速度] のZ値) /2」(Stanovich & West 1989) という数式に基づいて計算します。読解の処理効率と単語認知の処理効率の相関を取ってみれば，流暢な読みと効率的な単語認知処理とは関係が深いかどうかわかるでしょう。

2 活用法その2：
英語指導者のためのテスト活用法

概要

現在，さまざまな英語教授法が提案されています。本書でも取り上げる多読・多聴による方法，シャドーイング・音読を活用する方法，さらにはディベート，プレゼンテーションなどを活用する方法，さまざまなタスクにもとづく（task-based）方法などです。それらの効果を，実践的英語コミュニケーション能力に不可欠な英語語彙運用力を指標にして，等質であることが証明済みのCELPテストのA・B両バージョンを使って客観的に評価できます。英語を教えている学校教員，将来英語教員になりたいと思っている大学生，さらに社会人のためのCELPテストの活用法を紹介します。

キーワード

インプットとアウトプット，さまざまな英語教授法，英語語彙運用力の測定，プリテストとポストテスト，リサーチツール，CELPテストの波及効果

1. CELPテストの3つの活用法

これまで説明してきたように，CELPテストの特徴は，単に語彙知識（どれくらい多くの単語を知っているか）だけではなく，既知の語彙へのアクセス速度を測ることで，語彙運用力，つまり，知っている単語を実際のコミュニケーションの場でどれくらい使いこなすことができるかを測ることができる点にあります。

英語教育の現場（教室）を考えたとき，英語指導者にとってのCELPテストの活用法には大きく以下の3つが考えられます。

(1) **英語語彙運用力の測定**

第二言語習得（SLA）研究においては，第二言語習得の大まかな流れを

以下のように表すことができます（Gass 1997, Gass & Selinker 2008, など）。

　言語習得にはまずインプット（input）が必要となります。インプットとは学習者が文字や音声といった媒体を介して触れる目標言語を表します。それらの中で，学習者が実際に取り込むもの（あるいは取り込む行為）をインテイク（intake）と呼びます。そして，インテイクしたものを学習者内に内在化させることによって言語知識として定着していきます。そして，それは学習者に固有の言語体系である中間言語（interlanguage）という形を通してアウトプット（output）へとつながっていきます。

　以上を図で表すと次のようになります。

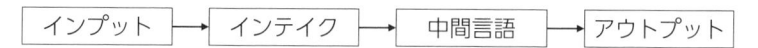

インプット　→　インテイク　→　中間言語　→　アウトプット

　上の図において，学習者が触れるインプットをうまくインテイクするために，そして，それを中間言語として定着させた上で最終的にアウトプットに繋げていくために，現在，さまざまな言語活動・練習方法が提案されています。本書でも取り上げた多読・多聴による方法，シャドーイング・音読を活用する方法，さらにはディベート，プレゼンテーションなどを活用する方法，さまざまなタスクにもとづく（task-based）方法などがそれに当たります。これらの活動を通して学習者は，音声や文字といった媒体を介して触れた目標言語を自分のものとして内在化し，発信することができるようになるわけです。

　上の図を，言語活動・練習方法を中心に描き改めると以下のようになります。

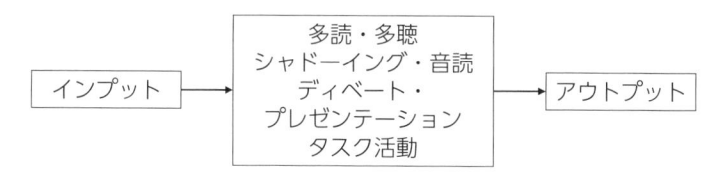

インプット　→　多読・多聴／シャドーイング・音読／ディベート・プレゼンテーション／タスク活動　→　アウトプット

　ところで，上の図を実際の授業の展開に当てはめてみると，インプットとはその時間に学ぶべき教材の提示（presentation），そして定着のためのさまざまな言語活動・練習（practice），最後に学習者自身による発信・産出（production）となります。これはいわゆる PPP（presentation–practice–production）と呼ばれる指導法で，言語習得は習慣の形成（habit formation）であるとする行動主義（behaviorism）に理論的根拠を置いていたオーディオリンガルメソッド（audiolingual method）の変形であり，オーディオリンガルメソッドに比べ，言語を使用する文脈（situational contexts)を意識したところにその特徴があります。このPPPに対して村野井（2006）はPCPPと自らが呼ぶ指導法を提案しています。PCPPとはpresentation（提示）-comprehension（理解）-practice（練習）-production（産出）を意味し，この流れで授業を展開することによって，従来の英語指導法を抜本的に変更せずに教科書を用いた内容中心の指導ができるとしています。これは下の図に示したように，presentationとcomprehensionという従来行われてきたインプット中心の活動のあとに，上で示した音読・シャドーイング・多読のようなpracticeを導入することにより，アウトプットにつなげようとするものでしょう。

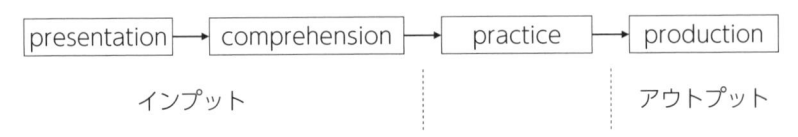

| presentation | → | comprehension | → | practice | → | production |

インプット　　　　　　　　　　　　　　　アウトプット

　本書で繰り返し述べてきたように，CELPテストが測ることができるのは，単にどのくらいの単語を知っているか（語彙知識）だけではなく，知っている単語の意味をどのくらい速く認識する（意味にアクセスする）ことができるかという，いわば実践的な語彙運用能力です。そして，上で紹介した，インプットをアウトプットに繋げていくためのさまざまな言語活動・練習方法を下支えするものが，まさにこの英語の語彙運用能力であると言えます。いかに速く語彙の意味を理解することができるかが，上で挙げた言語活動・練習方法では重要になってくるからです。言い換えると，CELPテストを利用し，英語語彙運用力を測ることによって，インプットがどの程度アウトプットへと繋がる可能性を持っているかについてのデータを得ることができるわけです。これが英語の語彙運用能力を測定する最大の意義であると考えます。

　実際の教室における指導では，インプット・プラクティス・アウトプットのどの段階を重視するかは，状況によって異なるでしょう。特に，comprehensionとpracticeのどちらに重点を置くかは，学習者の熟達度や使用する教材の難易度によって変わってきます。また，最初はcomprehensionに重点を置き，学年が進むにつれてpracticeにより重点を移すということも考えられます。

　CELPテストを使って学習者の英語語彙運用力を測定すれば，インプットがアウトプットへと繋がる可能性を知ることができ，さまざまな言語活動・練習方法をどのように指導に取り入れていけばよいかについての指針を得ることができるでしょう。また，CELPテストを時間をおいて継続的に実施

し，その変化を分析すれば，取り入れたプラクティスの成果を見ることもできます。さらに，CELP テストは，次節で述べるように，特定の指導法の効果を検証するためにも利用可能です。

　高等学校における「コミュニケーション英語」という新しい科目は，これまでの技能別指導から 4 技能を統合した指導に移行することによって，より実践的かつ総合的なコミュニケーション能力を育成・伸長させることが狙いです。旧科目のリーディングを例にとると，難しい英文を精読し，内容理解を活動の中心とするのではなく，難易度がそれほど高くない英文を多く，しかもある程度の速さで読み，内容を理解すると同時に自分の考えをまとめ，それを発信するといった総合的な英語運用力，いわばコミュニカティブなリーディング力を目指すことが求められています。単に読んだ内容を理解するという受容型の活動ではなく，リーディング活動を通して実践的かつ総合的なコミュニケーション能力を育成するという考え方です。そして，このような実践的なコミュニケーション能力の基盤となる能力が語彙運用能力であると言えます。実践的なコミュニケーション能力，つまり，流暢な言語使用の基礎は流暢な語彙運用能力であるからです。CELP テストが測ろうとする語彙運用能力は，その意味でも，これからの英語指導の現場において重要な役割を担うと考えられます。

(2) プリテスト・ポストテストを用いたリサーチデザインにおける効果の検証

　英語教育の現場（教室）において，CELP テストのもう 1 つの活用はリサーチのツールとしてです。カンと経験に頼りがちな日々の英語指導において，その効果を科学的に検証しようとするのは意味深いことです。

　英語教育研究の実証的な方法には大きく分けて 2 つが考えられます。まず 1 つが縦断的研究（longitudinal study）と呼ばれるものです。これは，能力の発達などについて時間的経過に伴う変化（伸び）を調べる方法です。通常，同じ学習者を対象としてデータを収集するため，学習者間の個人差を心配することなく，特定の学習者に対する英語指導の効果を測ることができます。ただ，研究期間が比較的長期にわたるため，結果的にさまざまな要因が入り込んでしまい，仮にデータ上で指導の効果があったとしても，それが本当にその指導の効果であるのかどうかの見極めが難しい場合があります。

　この欠点を補うものがもう 1 つの方法である横断的研究（cross-sectional study）といわれるものです。これは，時間の経過による干渉を避けるために，同一時期にさまざまな被験者を対象として行われる，いわば横一列のワンショット的研究デザインです。ただ，異なる被験者を対象とするため，厳

密な意味での指導の効果（伸び）を測ることが難しくなります。理想的には，これら2つの方法をうまく組み合わせることで，より正確な効果の測定ができると考えられています。

　ここで取り上げるプリテスト・ポストテストを用いたリサーチデザインとは，縦断的研究の方法です。一定期間にわたり特定の指導法を試したり，特定の目的を持って生徒をある言語活動に従事させることで，それまでと比べて学習者の能力にどのような変化が起こったかを観察するからです。始めに行うテストをプリテストと呼びます。そして，そこから得られるデータは，出発点であり，後に行う比較の際の基本データとなります。プリテストを行った後，効果を調べたい特定の指導法や言語活動を一定期間行います。その後にポストテストを行い，そこから得られるデータをプリテストから得られた基本データと比較することで，行ってきた指導法や言語活動の効果（能力の伸び）を見ることができるわけです。

　また，第2部2章でも説明されていますが，この研究デザインの場合には通常，同質な2つのグループを設け，それぞれは実験群と統制群（対照群）と呼ばれます。前者に向けて特定の指導をするのに対して後者には通常の指導以外は特に行わず，一定期間が経った後に両者を比較することで特定の指導の効果を見ようとするものです。

　以上の流れを図示すると図1のようになります。この際，プリテストとポストテストの難易度が異なっていては生徒の真の成長を測ることは出来ません。理論的には，プリテストとポストテストを同一のものにすればいいわけですが，それはそれで新たな問題が生じます。一度受けたテストを2回目に受けると，当然前回の経験が2回目の出来具合に影響を与えるからです。いわゆる「学習効果」と呼ばれるものです。この問題を避けるためには，本書

【統制（対照）群】
プリテスト（基本データ）→ 通常の指導 → ポストテスト（結果）

【実験群】
プリテスト（基本データ）→ 特定の指導方法や言語活動等の実践 → ポストテスト（結果）

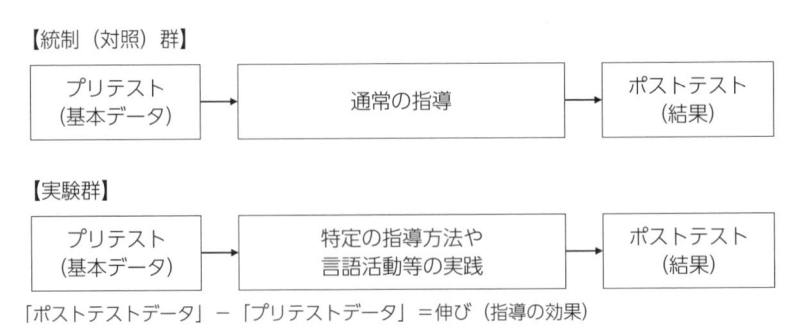

「ポストテストデータ」－「プリテストデータ」＝伸び（指導の効果）

図1　プリテスト・ポストテストを用いたリサーチデザインの流れ

でも説明されているように，信頼性や妥当性の点で等質であることが証明されている2つの別個のテストを用いることが必要となります。CELPテストにはA，Bという2つのバージョンが用意されており，これらのバージョンは，信頼性や妥当性を含め，あらゆる点において等質であることが実証データにより証明されています。これら2つのバージョンを活用することで，学習効果に影響されることなく，特定の指導方法や生徒が従事した活動の効果を客観的に測ることが可能となるわけです。

(3)プリテスト，ポストテストとして以外の活用法

　CELPテストは日本人英語学習者にとっての親密度（横川2006）のうちの1000〜3000語レベルの語彙をもとに作成されています。従って，大学生はもちろん，高校生の語彙知識や語彙運用能力を測るのにも十分適しています。高校や大学の各学年の生徒・学生を対象として，CELPテストを定点観測のツールとして毎年固定された時期に実施することで，学習者の持つ語彙運用能力の変遷についてのデータを得ることが出来ます。そして同時に，それらは語彙指導のための有益な事前データにもなります。また，同じ学習者グループを対象としてCELPテストを継続的に実施することで，そのグループの語彙運用能力の変化を追跡調査し，それによって語彙指導のための長期的データベースを構築することも出来ます。

2. CELPテストの英語教育現場への波及効果

　これまでも繰り返し述べてきたように，CELPテストの最も大きな特徴は，語彙知識のサイズだけではなく，単語認知速度をも計測できる点にあります。こういったテストの英語教育現場への導入の波及効果には大きなものがあると考えます。その最大の効果は，指導する教員側だけではなく学習者側に対しても，従来の英語力に対する考え方について変革を迫ることです。高い英語力とは，決して単に多くの単語を知っていたり多くの文法知識を持っていることだけではなく，それらをある程度の自動性（automaticity）をもって使いこなせることでもあることを理解させることが出来ます。単語の知識をはじめとして，英語に関して持っているさまざまな知識をある程度の速さで処理できて初めて実際の運用に耐えうる英語力を身につけたことになるということを，指導する教員も学習者も実感するわけです。

　上記以外にCELPテストがもたらす効果としては，英語語彙運用力の可視化ということが挙げられます。ある単語の意味を知っているという点では

語彙サイズは同じでも，練習を重ねることによって学習者の単語認知速度に変化が現れます。単語認知における自動化の促進です。そういった経験を通して学習者は，自動性がどういったものであるか，それがいかに重要であるか，さらに，自動性が英語運用能力全体に対して与える影響がいかに大きいかを体験し，実感できると考えます。そして，こういった体験が，英語学習へのさらなる動機付けにもつながることが期待されます。

4

「使える」英単語力増強法

1 多読・多聴による方法

概要

前半では，大量のインプットを浴びる多読・多聴の目的とその効果について，また効果的な多読・多聴の学習法・指導法を解説します。後半では，多読・多聴によってどのような語彙力を伸ばすことができるかについて，また語彙力や語彙運用力を伸ばすには，どのような点に留意する必要があるかについて解説します。

現在各分野の有識者からその有効性が明らかにされているアプローチに，graded readers を用いて，すらすら読める簡単な英語を大量に読み，かつ聞く多読・多聴があります。『多聴多読マガジン』(コスモピア) などはこの方法を標榜した雑誌の一つです。また「100万語多読」という方法もあります。眼から，さらには耳から大量のインプットを浴び続けることは，一種の「留学効果」につながります。これまでの多読・多聴指導の効果をもとに，多読・多聴で語彙運用力がどれだけ伸びるか解説します。

キーワード

多読，多聴，語彙運用力，graded readers，理解可能なインプット

1. 多読・多聴とはどのような学習方法か？

1-1. 多読・多聴への関心

最近「多読」や「多聴」がブームになってきています。『多聴多読マガジン』が隔月で出版されていることからもよく分かります。日本における多読ブームの火付け役の一人は著名な第二言語習得研究者の Krashen です。Krashen (1985) が唱えたインプット仮説 (input hypothesis) が多読を支持する理論になりました。この仮説は理解可能なインプット (comprehensible input) を適切に与えれば，自然な言語習得が促進される

というものです。具体的に言うと，理解可能なインプットとは「i プラス1」のインプットのことです。i とは学習者の中間言語（interlanguage），1 とはそれより少し高いレベルの言語構造を含んだインプットのことです。すなわち，学習者の学習時の言語能力よりも少しレベルが上のインプットを与えれば言語習得が効果的に行われるということを主張しています。Day & Bamford（1998）によって，*Extensive Reading in the Second Language Classroom* という多読指導の理論と実践を紹介する体系的な本が出版され，多読指導に大きな影響を与えました。また酒井（2002）の『快読100万語ペーパーバックへの道』，酒井と神田（2005）の『教室で読む英語100万語』，古川と上田（2010）の『英語多読入門』などの出版が多読ブームに拍車をかけたようです。酒井や古川達の始めた SSS 英語学習法研究会は現在の日本多読学会になりました。SSS とは start with simple stories のことで，最初は挿絵やイラストが多く入った非常にやさしい本から読み始める方法です。酒井は大学生に対する自らの多読実践から100万語を読めば読みがスムーズになると多読の目標を示したのです。その後，優れた実践・実証研究書が出版されました。高瀬（2010）は自らの多読・多聴指導の実践と実証研究をもとに説得力のある『英語多読・多聴指導マニュアル』を出版しました。これは多読を取り入れている先生方にとって信頼できる手引書といえるものです。また大学や高専での多読の成果を報告する出版が相次いでいます（小林・河内・深谷・佐藤・谷（編）2010 など）。

1-2. 多読・多聴の指導法・学習法

　「多読」とは，文字通り，易しく書かれた graded readers のような本の中から，学習者自身が興味のある内容の本をたくさん読むことです。同様に「多聴」とは易しく，興味のある内容の英語を大量に聞くことです。従来の文法訳読式の英語指導によって英語を勉強する意欲をなくしてしまった学生，英語嫌いの学生が増えています。一方で教師はどのように英語の授業を活性化させたらよいかを模索していて，多読指導・多聴指導に光明を見出したいという人が増えてきています。多読・多聴の授業は従来のリーディング授業の学習法とどのように異なるのかを，高瀬（2010, 24-25）を少し改変して，詳しく比較します。

表1　従来のリーディング指導と多読指導の違い

	従来のリーディング指導	多読指導
テキストの選択	教師	学習者
テキストの難易度	難しい	易しい
テキストの種類	統一テキスト	多様なテキスト
テキストの長さ	テキストの抜粋・部分	テキスト全体
読む量	少ない	多い
読む速度	遅い	速く，流暢に
読む目的	主に語彙・文法の学習 テキストの正確な理解	楽しみ テキストの概略の理解
理解の仕方	訳した日本語で	英語のままで
日本語訳	訳をする	訳をしない
辞書の使用	大いに活用する	読書中は使用しない
学習者の姿勢	受動的・消極的	能動的・積極的
教師の役割	設問する，説明・解説する，練習する	観察による読書指導，図書選択指導

　表1と表2からわかるように，多読・多聴指導の特徴は，下記のようにまとめることができます。

(1) 学習者中心の指導法であり，学習者が自分の英語力や自分の興味・関心にあった教材を選ぶことができます。それによって積極的に，楽しんで学習に取り組むことが期待されます。
(2) 多読・多聴の教材は易しいので学習者は書かれている内容をよく理解できます。分からなければ面白くないので，さらに易しいテキストに替えることが必要になります。また断片的でなく，ストーリー性のあるテキスト全体を読んだり・聞いたりするので，面白さが増すと思われます。
(3) 多読でも，多聴でも「読む順序で・聞こえる順序で，英語をそのまま日本語に訳さず」理解するようになっていきます。ただし最初からそのようにうまくいくわけではありません。易しいテキストを，たくさん読んだり，聴いたりすれば，そのようになるという達成目標です。
(4) 普通のリスニングの授業ではリスニングの後，理解度を測るテストや質

表2 従来のリスニング指導と多聴指導の違い

	従来のリスニング指導	多聴指導
テキストの選択	教師	学習者
テキストの難易度	難しい	易しい
テキストの種類	統一テキスト	多様なテキスト
テキストの長さ	テキストの抜粋・部分	テキスト全体
リスニング量	少ない	多い
リスニング速度	遅い（特に教科書などは）	自然に近い速さ（初級はやや遅い）
リスニングの目的	正確な理解と音声認識	テキストの一般的な理解
リスニングの仕方	訳した日本語で	聞こえる順序で英語のまま
日本語訳	訳をする	訳をしない
辞書の使用	大いに活用する	使用しない
学習者の姿勢	受動的・消極的	能動的・積極的
教師の役割	音源操作，聞いた後のテストの答え合わせ	音源選択指導，シャドーイング音声をモニター

問がなされますが，多読や多聴では内容理解の確認のような作業はめったに行われません。簡単なブック・レポートぐらいです。

(5)聴いているときに辞書を引くことは不可能ですし，読んでいるときでも，辞書を引けば，読みが中断されますから，読書中は辞書を引きません。全体を聞き終えた後，読み終えた後，どうしても気になる語を調べるのは自然なことです。

2. どうして速く読め，自然な速さで聴けるようになるのか？

2-1. 単語認知の自動化

Smith (1985) は「読むことによって読めるようになる (We learn to read by reading.)」と言い，Stanovich (1986) は聖書マタイ伝の一節 (The rich get richer, the poor get poorer.) を引用して，読解力のある人はたくさん読み，ますます読解力がつくと言っています。読むことによりどうしてますます読めることにつながり，また多読をすることによりどうしてま

すます速く読めるようになるのでしょうか。さらに多聴をすることでどうして自然な速さの英語が聴けるようになるのでしょうか。

図1は第一言語の流暢な読みのプロセスを示しています。図中の点線は自動化している状況，実線は注意が向けられている状況を示しています。Samuels（2006）の自動化理論によると，読み手の注意資源には制約があり，デコーディングが自動化されるとほとんど全ての注意資源を意味理解に充てることができます。単語が出現する文脈に関係なく，正確で，速い，自動的な視覚によるデコーディングから，読みは始まるのです（Stanovich 1992, Samuels 2006）。英語は深い正書法（deep orthography）（Katz & Frost [1992]）を持ち，書記素と音素の関係が不透明で，英語圏では，小学校1年生に入って英語を習い始めた時，母語である英語を音読できない難読症（reading difficulty）の子供が25〜30％ほど出ると言われています（Adams 1994）。図2に示すように，難読症の子供は書記素と音素の関係が規則的なものは書記素と音素の変換ルールを身につけ，不規則な関係は覚えるより他に方法はありません。このような音読の仕方を教えるのがフォニックスです。このようなわけで，英語の母語話者が英語を正しく音声化し，徐々に速くデコーディングができ，自動的な単語認知ができるようになるには，浅い正書法を持つ他言語の話者に比べ，時間がかかります。Chall（1996, 84-88）によると，四年生位からリーディングの処理は効率的に行われるようになります。六年生頃になると，同じ教材であれば，リーディングによる理解はリスニングによる理解と同程度になり，学年が上がるに従って徐々にリーディングによる理解の方がリスニングによる理解よりも速く・効率的になります。この発達段階で，単語や語句の自動的な認知が進んでいることが分かります。

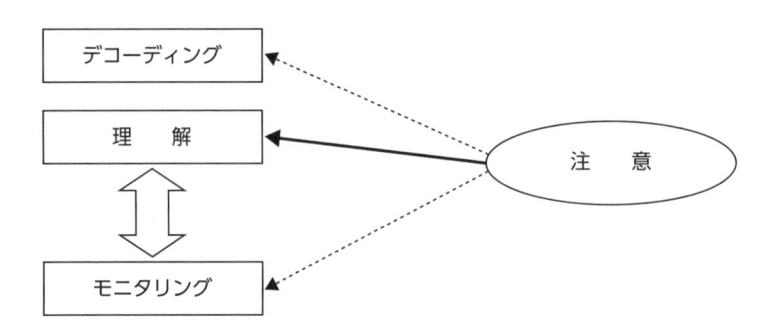

図1　第一言語話者の流暢な読みのモデル (Samuels 2006, 38)

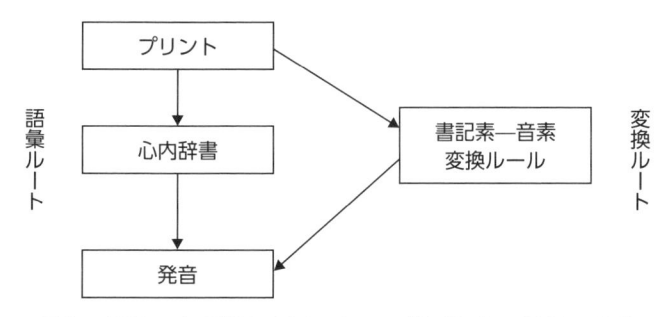

図2 音読にいたる簡易二重ルート・モデル (Harley 2001, 181)

　第一言語の場合，テキストの単語を音声に変換できれば，すでにリスニングの力は十分身についているので，理解できます。この Samuels のモデルは，Hoover & Gough（1990）の唱えた「読解力は word recognition abilities と general comprehension abilities で構成されている」という母語話者のリーディング・モデルである simple view of reading と同じ考え方です。「デコーディング（decoding）とは，単語の文字情報から音韻情報を引き出すこと，単語認知（word recognition）とは，単語の音韻情報と意味情報を引き出すこと」（Koda 2005, 29）と第二言語研究では定義されますが，第一言語の場合，デコーディングができれば自動的に意味情報にアクセスできますから，Koda の定義に従えば，このモデルのデコーディングは単語認知と考えられます。また一般的な理解力（general comprehension abilities）とは普通聴解力によって測定される力のことです。

　第一言語と第二言語の読解処理には違いがあります。Grabe（2009, 22-38）のいう第二言語におけるリーディングの下位処理を図示してみると，図3のようになります。第二言語では遅いデコーディング，語彙力不足のせいで，意味アクセスが不正確で遅いこと，文法知識に十分習熟していないために統語解析が不正確で時間がかかることが考えられます。その他に学習者の第一言語の及ぼす影響があります。正書法の違いがデコーディング処理に，また言語間の距離やプロトタイプの違いが単語の意味処理や統語解析に影響を及ぼします。すなわち，注意資源の容量には制約があるので，初級の学習者は，単語認知，統語解析，意味命題形成（理解）とその理解のモニターの処理を一つずつ順番に行い，各々の処理にほぼ全ての注意資源を使ってしまうことになります。第二言語の読み手が流暢な読み手になるには，多読によって，大量の英文に触れ，同じ英単語に何度も遭遇することです。このようにしてデコーディング，語彙アクセス，統語解析や理解のモニタリングの自

```
┌──────────────┐
│ デコーディング │◄─────┐
├──────────────┤       │
│ 語彙アクセス  │◄─────┤
│  (単語認知)   │       │          ╭─────────╮
├──────────────┤       ├──────────│ 注意資源 │
│   統語解析    │◄─────┤          ╰─────────╯
├──────────────┤       │
│ 意味命題形成  │◄─────┤
│    (理解)     │       │
├──────▲───────┤       │
│      ▼       │       │
│理解のモニタリング│◄────┘
└──────────────┘
```

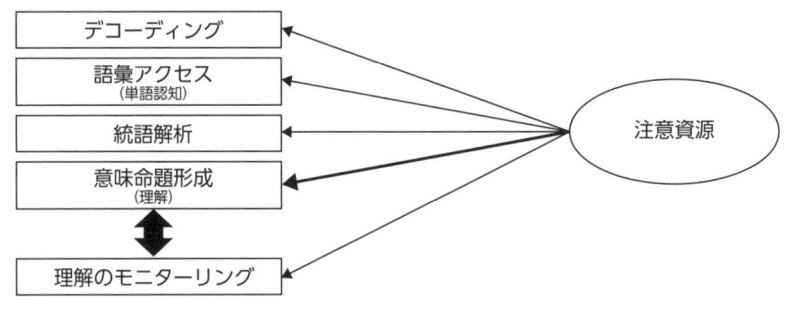

図3 第二言語話者の流暢な読みのモデル

動化が徐々に促進されます（図3参照）。自動化が進めば，読解速度が速くなることが予想されます（Grabe 2009）。しかしながら，「効率的な単語認知は十分な理解のための必要条件かもしれないが，十分条件とは思われない」とStanovich（1992, 4）が述べているように，単語認知が効率的になっても，必ずしもそれが読解の向上にすぐにつながるわけではありません。統語解析についても同様のことが言えるでしょう。新しい意味情報が記憶保持されるのは2秒以内なので，単語認知も統語解析も意味の統合も速くなされる必要があります。単語認知と統語解析の両方が自動化され，無意識に処理されるようになると，ワーキング・メモリのほとんど全ての注意資源が理解に使われ，読解が促進されることが予測されます。

2-2. フォーミュラ連鎖の認知による処理単位の拡大

　多読や多聴によって発達するのは単語の認知速度だけではありません。単語ごとに読むよりは，節や句などのチャンクで読んだ場合の方が，処理時間が短く，内容把握もよくなることが知られています（門田 2001, 99-109）。二語以上のまとまった表現が一語のように認知されますから，言語処理効率が上がり，速く読め，テキスト理解も容易になることが予想されます。

　チャンクを含めて，フォーミュラ連鎖（formulaic sequences）【詳細については本書の第4部2章の4-3を参照して下さい】には，連語（collocations），前もって作られた型どおりの表現（prefabricated routines），出来合いの発話（ready-made utterances），常套表現（conventionalized forms），二語以上のまとまり（multi-word units），など50以上に分類されています（Wray 2002, 9）。Jiang & Nekrasova（2007）は，20人の英語母語話者と20人の英語の熟達度の高い非母語話者に26のフォーミュラ連鎖と26の非フォーミュラ連鎖を使って文法性判断テストを

課しました。その結果，英語母語話者も非母語話者も非フォーミュラ連鎖よりもフォーミュラ連鎖において有意に速く，正確に反応することが分かりました。Siyanova & Schmitt（2007）は，母語話者と非母語話者に「形容詞＋名詞」のコロケーションの生起が高頻度か，中頻度か，低頻度かどうかの頻度判断課題を課し，反応速度を測定しました。その結果，母語話者はかなり正確に，速く頻度判断をすることができました。それに反して，非母語話者は頻度の判断ができなかっただけでなく，反応時間もより長くかかりました。興味ある点は，一年間英語が話されている国で生活した非母語話者はこの区別をすることができたことです。習熟した非母語話者がフォーミュラ連鎖と非フォーミュラ連鎖を区別できたこと，一年留学した非母語話者が頻度の違いを区別できたことは，多読や多聴によって，繰り返しコロケーションなどのフォーミュラ連鎖の処理をすれば，徐々にそのような表現に速くアクセスし，意味処理をすることが可能になることを示唆しています。そのような手続き的知識が確立されれば，リーディングやリスニングにおいて，定型語句の認知が速く・正確になされ，言語処理が促進されることが期待できます。このように，認知処理が自動化されれば，注意を意味に集中し，読解や聴解を促進することにつながります。

3. 多読・多聴指導が読解力と語彙力に及ぼす効果

　ここではリーディングと語彙の観点から多読・多聴指導の効果について考えます。なぜなら，多読や多聴の第一の目的は新しい言語知識を習得することというよりも，むしろ単語や定型表現，文法に繰り返し触れ，それらの言語知識を使うことによって，すばやくそれらの知識にアクセスし，意味処理に活かせるようにすることにあると考えるからです。このようにして，単語や定型表現，文法へのアクセスが自動化されれば，意味理解が一層促進されます。さらに注意資源に余裕があれば，注意を新しい言語表現に向けることができます。学習者の気付きが起これば，インテイクされて新しい表現を獲得することが可能になります。

3-1. 多読量が増えれば，読解速度は速くなるか？

　酒井（2002）は，100万語読めば楽に英語が読めるようになる第一歩だと述べています。中学校や高等学校の教科書の中で触れる量，処理するインプット量は少なく，金谷（2008）によると，中学校検定教科書の本文はシドニー・シェルダンのペーパーバックの1ページの語数を尺度にして約19ページ，

高校英語 I・II（*Unicorn*）で約 60 ページにすぎないことを指摘しています。中條・長谷川・西垣（2008）によると，前指導要領にもとづく高等学校用のおもな検定教科書に使われている語彙数は表 3 の通りです。インプット量がいかに少ないかを教師は自覚する必要があります。もちろん，教科書以外に，副読本を読ませている学校が多いとは思いますが，新しい語彙を身につけさせることに指導の主眼が置かれ，使える単語力を伸ばそうという意識は少ないと思えます。

野呂（2008）では，ある中学校と高等学校で 1 週間に 1 回 10 分間の多読が授業中に実施されました。教材は易しい leveled readers とか graded readers です。表 4 は 10 分間読みの実施状況を表示しています。実施回数は約 10 回です。読語数は多くないように見えますが，高校（普通科）の平均読語数 8,856 語は，当該校で使っている教科書である *Crown* の英語 I（2006 年度版）の延べ語数 6,916 語（中條・長谷川・西垣 2008）より約 2,000 語多く，高校（職業科）の 2,517 語は，使用教科書の 5，6 課分に相当します。中学（付属中）では，2006 年版の *New Horizon* の 1 年用から 3 年用までの 3 冊の延べ語数が 6,148 語（中條・長谷川・西垣 2008）なので，平均 8 回の 10 分間多読でほぼ 3 年分読んだことになります。

表 5 と表 6 は 10 分間多読の実施前と実施後の読解テストの結果と読解速度の結果です。表 4 の読語数からわかるように，インプットが十分になされているわけではありませんが，中学校においても，高等学校においても，まず読解スピードが速くなっていることが分かります。この表にはありませんが，とりわけ多く読んだグループでは読書量が少なかったグループに比べ，読解速度が有意に上昇しています。読解に関しては，高校の場合，有意に伸びています。中学校の場合，平均と標準偏差をプラスした数値（14.73 + 2.66=17.39）が満点に近く，天井効果を示していると思われます。これは，

表 3　高等学校用の検定教科書で使われている異語数と延べ語数（3 学年分）

教科書	異語数	延べ語数
Crown	2,603	34,751
Mainstream	2,450	24,079
Milestone	2,563	25,062
Sunshine	2,355	25,102
Unicorn	3,161	32,776
平　均	2,622	28,354

表4　10分間読み実施状況

実施校の校種	実施回数	学年・人数	読語数の平均	テストの種類
高校（普通科）	10回	高1/80	8856	EPER Level E
高校（職業科）	10回	高1/68	2517	EPER Level G
中学（付属中）	7〜9回	中3/79	5972	EPER Level G

表5　読解テストの結果の記述統計と平均の差の検定

	MPS	読解				t値
		事前テスト		事後テスト		
		M	SD	M	SD	
高・普通	18	10.51	4.53	14.55	5.39	7.52***
高・職業	18	9.15	3.43	10.01	3.89	2.40*
中・付属	18	14.73	2.66	14.98	2.18	0.79

MS= maximum possible score　　*** $p < .001$, ** $p < .01$, * $p < .05$

表6　読解速度の結果の記述統計と平均の差の検定

	MS	読解速度（wpm）				t値
		事前テスト		事後テスト		
		M	SD	M	SD	
高・普通	18	73.72	20.49	96.13	22.74	7.96***
高・職業	18	75.05	24.22	85.05	25.15	3.31**
中・付属	18	92.65	18.20	99.96	28.02	2.25*

被験者にとってテストが易しすぎたのが原因だと思います。教育上の配慮から，統制群を設けることができなかったので，高等学校の読解テストの正答率で事前と事後テストの結果の差が有意になっていますが，必ずしも多読のみの効果ではなく，生徒が受けている全ての英語の授業が影響を及ぼしているかもしれません。表6の結果からわかるように，数千語の多読で着実に読解速度は上がっているということができます。酒井（2002）の言うように

100万語を読めば，楽に英語が読めるようになり，読解力も向上すると十分予測できます。

3-2. 多読によってコロケーションやフォーミュラ連鎖の認知力は向上するか？

今村（2011）は「多読が単語・コロケーション・定型句・反意語の認識（アクセス）速度に及ぼす影響」について実証研究をしています。ここではコロケーションとフォーミュラ連鎖に絞って紹介します。コロケーションはフォーミュラ連鎖に含まれますが，この実験では両者を区別して使っています。使われたコロケーションは動詞＋名詞型のもので，例えば，drink coffee, buy food のような，動詞と名詞が共起する自由度が高いものです。それに対して，フォーミュラ連鎖は as a result, as far as のような単語のつながりの自由度が低い，熟語的な表現を扱っています。実験の参加者で多読を行った高校生は2年生の22人で，4か月間に graded readers を読んだ語数は平均で 26,691 語でした。多読を行っていない実験の参加者は23人で，これらの高校生には教科書の英文に関する練習課題が与えられました。両グループの学生は，実在するコロケーションか実在しないコロケーション（例：cut seasons, give streets）かを判断する「コロケーション性判断課題」と実在するフォーミュラ連鎖か実在しないフォーミュラ連鎖（例：bus on go, class first the）かを判断する「句性判断課題」を多読指導の事前と事後に行いました。研究の目的は下記のとおりです。

(1)多読によって，コロケーションの認識速度が向上するか。
(2)多読によって，フォーミュラ連鎖の認識速度が向上するか。

事前のテストでは両グループの間にコロケーションとフォーミュラ連鎖の認識速度に有意な違いはありませんでしたので，この時点では両グループに認識力に差がないことを意味しています。事後のテストでは，コロケーションの認識速度には両グループ間に有意な差がありましたが，フォーミュラ連鎖の認識速度には両グループ間に有意な差がありませんでした。コロケーションの認識速度は向上しましたが，フォーミュラ連鎖の認識速度は向上しなかったということになります。両者の間の結果に違いが出たのはどうしてでしょうか。実験に使われた頻度の高いコロケーションは約3万語多読することで一緒に使われるまとまったチャンクとして使われると気がつくようになったと考えられます。フォーミュラ連鎖の場合は，恐らく出現頻度も比較的

少なく、熟語的表現であって、それらの語が定型の表現だと気づくのが難しかったことが考えられます。ただし、この考えは推測の域を出ていません。今後更なる実証研究がおこなわれる必要があります。しかし今村の実験は、多読をすれば、徐々に共起する語に気付き、チャンクとして速く認識できることを示唆しています。このことが速く読めるもう一つの要因になるかもしれません。

3-3. 多読によって語彙は習得されるか？

多読によって語彙が習得されるかどうかについての実証研究については、語彙力が伸びたという研究結果（Yamazaki 1996）とほとんど新しい語彙は習得されないという研究結果（Waring & Takaki 2003）があります。偶発的な語彙習得をどのようにとらえるのか、どのような多読教材を使うのか、語彙知識を構成するどの要素が向上するのか、どのような測定方法を使うのか、などの条件が語彙習得に影響を及ぼします。どのような諸条件が整うかによって、多読によって語彙習得が促進されるとも、語彙習得が難しいとも言えます。

(1)偶発的（Incidental）な学習の可能性

偶発的な学習は、付随的学習とも言われ、普通、「例えばリーディング活動のような何か他のことの後に副産物として生じた学習」のように定義されます。偶発的に、付随的に副産物として習得されると聞くと、新しい単語に意識を払わなくても無意識に習得されるように思われがちです。しかし、学習がなされるには学習者の何らかの注意が新しい語に払われる必要があります。多くの語彙研究の専門家が指摘するように（Nation 2008、など）、未知語の意味を文脈から推測することは未知語の習得につながります。なぜなら文脈の様々な情報を使って未知語の意味を推測することは処理を深くし、記憶を促進するからです。しかし、Nation (2008) が指摘するように、推測に必要な情報が必ずしも十分あるわけではありませんし、推測が正しく行われるとは限りません。適切な情報が十分ある場合、推測は有効な方法です。また推測が効果的に行われるには、既知の語の自動化が必要です。ワーキング・メモリには制約がありますから、未知語以外の語の認知が自動化されていれば、未知語に十分な注意を払うことができ、推測が促進されるからです。また、英語の母語話者の場合、3年生か4年生頃に語彙認知が自動化され、5年生、6年生から語彙量が急激に伸びると言われますが、これは単語認知が自動化されたため急激に読書量が増えたからだと思われます。このよ

うなことを考えると多読を始めた学習者が偶発的に語彙を習得するのはかなり難しいことがお分かりいただけると思います。

ところが，初級の学習者でも，偶発的に語彙を習得することができる場合があります。それは語り聞かせ／読み聞かせ（storytelling）です。単独で多読するのとは異なり，語り聞かせの場合には，教師は絵や質問・説明によって単語を理解させ，ストーリーの内容を理解させますから，学習者は語彙に一層注意を払うことができるようになり，それらの語の記憶を促進することができるようになります。野呂（2001）は，教師の音読を聞きながら，学習者に多読教材を黙読させてから，そのテキストの内容理解を確かめたり，難しいと思われる単語の意味を推測させたり，確認したりすることによって，語彙の習得が多読の事前よりも事後に有意に向上したことを報告しています。この研究も単語の記憶の定着には学習者の注意を未知の単語に払わせることが重要であることを示しています。

(2)多読によって向上する語彙知識の種類

単語を知っているとはどういうことなのかについて，Nation（2008）はただ単語の意味を知っているだけでなく，スペリング，コロケーション，単語の持つ統語的知識，語形成，連想，頻度，言語使用域など多くの知識が含まれることを指摘しています。多読による語彙の伸びを調べるために，語彙サイズテストが多く使われますが，語彙知識の伸びを正しく測定することは難しいと思われます。学習者が読むテキストは，理解できるインプット，すなわち未知語がないテキスト，または未知語の割合が1～2％のテキストです。それらの未知語をすべて習得するのは不可能ですし，たとえ習得できてもほんの少しです。語彙サイズテストでそれらの伸びを敏感にとらえられるかどうか疑問です。多読を通して，語彙知識の広さではなく，語彙知識の深さは伸びる可能性があります。3-2で述べたように，ある語とある語が共起するというコロケーションの知識，既知の語の別の意味，語が持つ統語知識などが，多くのインプットに触れることによって，増えることが考えられますが，そのような知識を測定できる敏感なテストを使う必要があります（Read 2000）。Waring & Takaki（2003）は，多読による語彙習得の測定に，読んだテキストに出てきた語であるかどうかを調べる「単語形式認識テスト」，テキスト中の目標語に対する「日本語での多肢選択テスト」，上記の目標語の「日本語訳テスト」を使っています。これらの三種類のテストは困難さにおいて違いがありますから，何をもって単語を習得したかの判断が難しくなります。しかし多読の事前と事後に適切に使うことができれば，語彙

力の伸びを測定することができる敏感なテストとして使える可能性があります。

　偶発的な語彙習得には単語や単語のつながりに学習者の注意が払われる必要があります。その注意力が使えるかどうかの指針として，CELPテストで測定する単語認知の自動化が必要だとおわかりいただけるでしょう。

2 シャドーイング・音読による方法

概要

　もうひとつ現在注目を浴びているアプローチに，シャドーイング・音読による英語学習法があります。ネイティブが発するナマの英語をそのまま，あるいは文字をみながら，実際に声に出して発音することで，私達が生まれながらに持つ「ことばの学習システム」を効果的に活用しようとする方法です。両トレーニングが語彙運用力をいかにアップさせるか，とりわけシャドーイング・音読による，声に出して行う外的リハーサル（復唱）の練習が，語彙や語連鎖の習得のメカニズムにいかに関係するか解説します。

キーワード

　シャドーイング（shadowing），音読（oral reading），反復プライミング（repetition priming），フォーミュラ連鎖（formulaic sequence：FS），リハーサル（rehearsal）

1．シャドーイング・音読とはどのような学習方法か？

　シャドーイングは，聞こえてきた音声言語をもとに，また音読は，目で見た文字言語をもとに，ともにこころ（頭）の中で内的な符号化を行い，どのような発音であるかを認識し（これを音韻表象［phonological representation］の形成と呼びます），その後それを声に出して発音する学習法です（図1）。
　さらに図2は，バイリンガル語彙処理モデル（lexical processing model for L2 learners）として，門田によって提案されているものです。音声提示

　　　　　　　聞いた音声→　　　　　　　　　　　　→発声
　　　　　　　見た文字→　　　音韻表象の形成

　　　　　　　　図1　シャドーイングとは？　音読とは？

あるいは視覚提示された単語（語句）の意味を理解する，絵をみてその絵の表す内容を1語で言う（これを命名［naming］と言います）といった心内処理プロセスが，母語と第二言語でそれぞれどのような段階を経て行われているかを，イメージ化したものです。本節のテーマとの関連では，シャドーイング，音読の実行までの認知プロセスの概要を図示したものです。

例えば，第二言語（L2）におけるシャドーイングは，最低限L2音声インプットをもとに，L2音韻表象を経て，L2音声アウトプットを返すだけで実施可能です。しかしながら，繰り返し練習することで，復唱に馴れ，自動化されてその実行に必要な認知負荷が軽減されてくると，同時に意味の処理をしたり（意味概念表象の形成），文字表象を形成したりして，そういった表象からフィードバックを得るといった心的操作を同時並行で進めることができるようになります。

なお，しばしば意味の理解を伴わないでシャドーイングの練習をしても無駄ではないかという疑問の声をよく聞きますが，これについては，あまり心配する必要はないでしょう。意味理解を伴うシャドーイングが可能かどうかは，学習者のワーキング・メモリ容量の程度が，重要な要因となるという第二言語習得（日本語）の研究成果があります（倉田・松見 2010）。シャドーイングをしながらその意味を理解できる学習者は，そもそもシャドーイング自体に多大なエネルギー（認知負荷）をかけなくてもすむ自動性を獲得した人達です。まず音声復唱の自動化をできるだけ達成することが先決問題で，

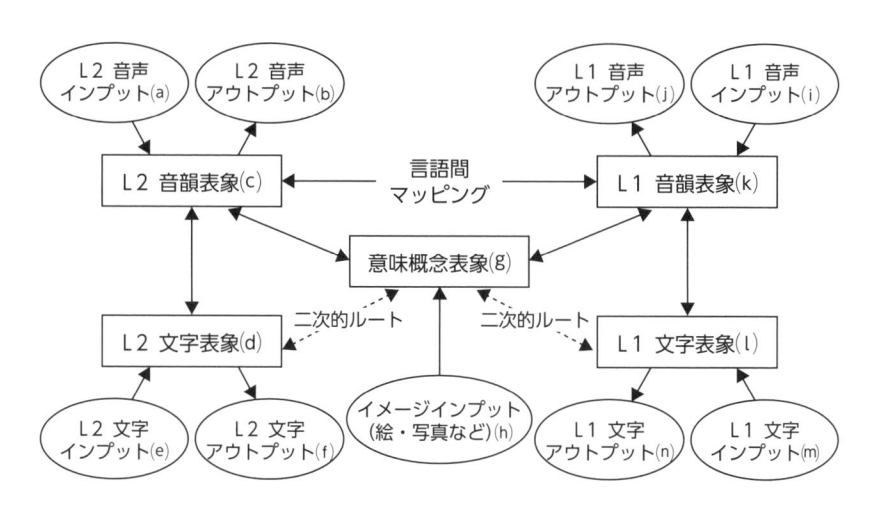

図2 バイリンガル語彙処理モデル（門田［2010a］を日本語化して転載）

自動化を獲得した学習者のワーキング・メモリのシステムでは，自動化していない学習者に比べて，十分な容量を意味処理に割り振ることが可能になります。その結果,「シャドーイング＋意味理解」の二重タスクが容易にできるようになってきます。

また，図2の右側が示すように，母語音声の復唱においても，同様の処理経路が仮定できます。

さらに，視覚提示語の音読については，L2視覚インプットをベースに，L2文字表象を形成し，次にL2音韻表象に変換し，さらにそれを発音してL2音声アウトプットを得る，というプロセスが最低限含まれることがわかります（以上詳しくは，門田［2012］を参照下さい）。ついでながら，この文字表象の音韻表象への変換には，書記素・音素変換規則（grapheme-phoneme conversion rules）を必要とするだけでなく，単語の主要部文字列（body）の一貫性に関する情報も必要とされることが明らかにされています。主要部文字列とは，単語の後半の中心的な文字列を指します。例えば，(1) -ean という主要部文字列は，bean, clean, dean のように，/iːn/ と一貫した発音を持っています。しかし，(2) -eat の場合は，/iːt/ だけでなく，treat/iːt/, threat/et/, great/eɪt/ と一貫していません。そして，このような一貫性が見られる文字列の方が，一貫していない文字列よりも，音読までの反応潜時（reaction latency）が短いことが，実験により明らかにされているのです（Glushko 1979）。

2. シャドーイング・音読の効果は？

門田（2007）は，シャドーイング・音読には，次頁の図3のような2つの効果があると仮定しています。

(1) 耳からの音声インプットをもとに，または眼からの視覚インプットをもとに，それぞれの言語入力の音韻表象（phonological representation）を容易に心内に形成することができるようになる
(2) 顕在的に声に出して復唱する際の調音速度を向上させることで，音韻ループ内のサブボーカルリハーサル（subvocal rehearsal）の高速化が達成でき，その結果英語の語彙・構文などを全体としてまるごと記憶・内在化できるようになる

シャドーイングについては，リスニング力を伸ばす効果があることが，こ

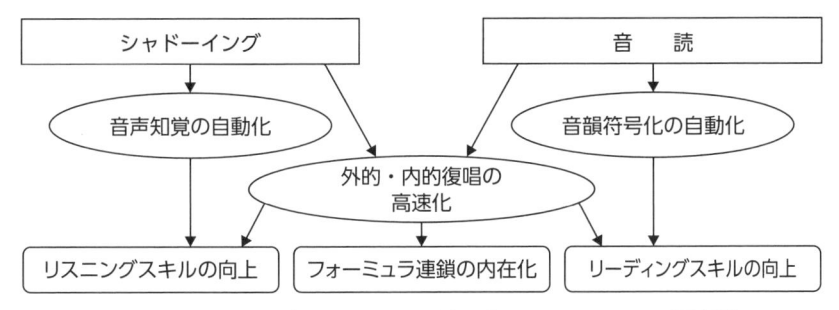

```
                              シャドーイング              音  読
                                    │                      │
                      ┌─────────────┤                      ├─────────────┐
                      ▼             │                      │             ▼
              音声知覚の自動化        │                      │      音韻符号化の自動化
                                    ▼                      ▼
                              外的・内的復唱の
                                  高速化
                      │             │                      │             │
                      ▼             ▼                      ▼             ▼
              リスニングスキルの向上  フォーミュラ連鎖の内在化  リーディングスキルの向上
```

図3　シャドーイングと音読の2つの効用（門田 2007, 34；一部改訂）

れまでに指摘されています（玉井 2005，ほか）。さらに，日本人英語学習者を対象にしたその後の実験研究により，新たに次のような事実（効果）がわかってきました。

(1) 同じ素材でのシャドーイングの再生率は，4〜5回までは向上するが，それ以上はあまり伸びがみられない（Hori 2008, Shiki, Mori, Kadota, & Yoshida 2010）
(2) シャドーイングは学習者の発音スピードを速くする（三宅 2009a）が，これは，シャドーイングによるリスニング力向上の前段階として共通にみられる状態である
(3) 日本人の英語スピーチにおける，高低の変化に乏しい，狭いピッチ幅を広げて改善する働きがある（Hori 2008，三宅 2009b）。
(4) シャドーイングによって，まず復唱能力（シャドーイング再生率）が向上し，次いで学習者の英文の発音スピードが増し，最終的に，リスニング力が向上する（玉井 2005，門田 2007）。
(5) (2)の発音スピードがあがることにより，語句や構文の記憶・再生がよくなる（Miyake, 2009）

特に(5)については，音韻ループ内のサブボーカルリハーサル（subvocal rehearsal）の速度の向上により，その記憶容量が拡大することが原因であると考えられます（門田 2007）。

3. シャドーイング・音読による反復プライミング学習は語彙運用力の習得にどのような効果をもたらすか？

3-1. プライミングとは

　プライミング（priming）はもともと，実験心理学において使用されてきた研究方法として生まれたものです。しかし，現在では，先に与えられた刺激が後続の刺激の処理過程に及ぼす影響という意味で使われることが多いと言えます。例えば，単語レベルのプライミングとして，提示された語が，実際に存在するか存在しないかの判断を課す，語彙判定課題（lexical decision task）がしばしば活用されます。すなわち，grank や snow を学習者に視覚提示して，その語彙性判断を課すとき，学習者に前もって同じカテゴリーに属する語（winter など）を聴覚や視覚を通じて提示していると，そうしない場合と比べて，判断にかかる時間が短縮されるという結果が得られます（小池ほか 2003, 547）。これが典型的な語彙プライミング（lexical priming）の手続きです。

3-2. プライミングの種類

　一般に代表的なプライミングには主に次の3つがあります（McDonough & Trofimovich 2009, 御領・菊地・江草 1993, 60 など）。

(1)意味プライミング（semantic priming）
(2)反復プライミング（repetition priming）
(3)統語プライミング（syntactic priming）

　(1)の意味プライミングは，語や文の意味処理をいったん経験することで，後続の意味的関連のある文の意味処理が促進される現象です。例えば winter → snow と順に提示すれば，ターゲット語（snow）の意味処理が容易になります。これは次の反復プライミングと同様に，学習者の認知負荷を低下させる働きを持ちます。
　(2)反復プライミングとは，同じ語や文を聴覚的にあるいは視覚的に2度3度と繰り返す処理を行う効果です。繰り返すことで，その処理の自動化が進み，その分その語や文の記憶（＝内在化）により多くの認知資源を他にまわすことが可能になります。従来の学習理論で言う，「練習の法則（principle of exercise）」にあたります。日常的な言い方では，「練習効果」にあたります。特に反復により語の音声知覚が促進される現象を聴覚プライミング

(auditory priming) と呼びます (McDonough & Trofimovich 2008)。
　(3)統語プライミングは，話し手（書き手）が，先に処理した構文と同じ構文を再度使って文を産出する傾向を説明しようとするものです。Bock (1986) は，一般に統語構造はそれを繰り返す傾向が，英語母語話者にはあることを実験により明らかにしました。Bock の実験では，次のような，(a) 前置詞目的語 (prepositional object：PO) 構文あるいは，(b)直接目的語 (direct object：DO) 構文を提示しました。

(a) The rock star sold some cocaine to an undercover agent.（PO プライム文）
(b) The rock star sold an undercover agent some cocaine.（DO プライム文）

そしてその後，女の子が絵筆を男に手渡している絵を英語母語話者に説明させるという課題を与えました。そうすると，彼らは無意識のうちに，(a) PO プライムの後では，The girl handed a paintbrush to the man. という文を生成し，(b) DO プライムの後では，The girl handed the man a paintbrush. という文を産出する傾向が強くなっていたのです。以上のような統語プライミング効果について，Pickering & Branigan (1998) は，次のような形で統語情報表象が活性化されるというモデルを提案しています。すなわち，ある動詞 (e.g., give) を含んだ文がプライムとして処理されると，その動詞に含まれる3つのレベルで，それぞれの心的表象が活性化されるというのです。

(1)時制 (tense)，相 (aspect)，数 (number) のノード
(2)関係する範疇ノード (category node)
(3)連結ノード (combinational nodes)

特に(3)の連結ノードレベルにおいては，give の場合，S・V・IO・DO という DO 構文〈NP_NP node〉も，S・V・DO・to ... という PO 構文〈NP_PP node〉も両方が可能だという情報が保存されており，先にプライムとして提示された構文の方がより活性化されて，選択されるというのです。

3-3. シャドーイング・音読の効果とプライミング

　意味・反復・統語などのプライミングは，潜在的な記憶形成として，すなわち新たな技能習得 (skill acquisition) の必須条件として，知らず知らずの

うちに活用されているものです（McDonough & Trofimovich 2008, 12）。このプライミングにもとづく潜在学習により，提示インプットの処理が促進され，自動化が進みます。同時に，このような自動化が進むことで，インプット刺激（学習項目）の潜在記憶化もまた促進されます。門田（2007, 2012）などが提唱する，シャドーイング・音読のトレーニングも，このプライミング（特に反復プライミング）の効果が期待できるタスクです。

　音声の知覚や書きことばのデコーディングといった下位技能を反復プライミングにより潜在記憶化することは，リスニングやリーディングの下位処理段階（lower processing stage）の自動化が促進されることを意味します。言い換えると，英語の発音を聞いて，あるいは英語の文字列を読んで，それらのインプット中にどのような発音が含まれているかを把握し，瞬時にそれらの音韻表象を形成できることを意味しています（図１および図２参照）。そうすると，下位処理段階以降，つまり，文を理解し，意味をとるという作業に意識を向け，注意を集中することができるようになるのです。それだけ高次段階の処理を効率的に実行できるようになるのです。この時点で，相乗効果として，学習対象となる構文・語彙チャンクなどの素材を記憶・定着させることが容易になると考えられます。

4. リハーサル（復唱）をきたえることで英単語運用力はつくのか？

4-1. 音声知覚の運動理論

　かつては，音声を聴いて理解するリスニング（listening）は，メッセージを受け取るだけの受け身の技能だと考えられた時期がありました。これについて皆さんはどのように思われますか？　実は，母語（第一言語）でも，また本書が対象としている第二言語でも，リスニングの中心的な段階は，きわめて能動的な活動を含んでいるというのが多くの専門家の見方です。すなわち，長期記憶内のメンタルレキシコンなどから，語彙（発音，意味）や文法など各種言語情報を検索し，それらを利用しつつ，聞こえてきた音声を分析する，さらにはメッセージの内容がどのように展開するか予測しながら聞いているというのが一般的な考え方です。これを，「総合による分析（analysis by synthesis）」と呼んでいます（河野 1992, 23-41）。長期記憶中のさまざまな情報を総合し，分析することで，一部を聴いてそこから発話内容について一定の予測を立てつつ，意味内容を理解していると考えられています。

　この「予測」の考え方をさらに進め，聞き手は音声インプットと平行してパラレルに，みずから発音（調音のための運動）をしており，その音声と，

聞こえてきたインプットとを比較照合することにより，発音の知覚をするという理論があります。これが，Liberman et al.（1967）や Liberman & Mattingly（1985）による「音声知覚の運動理論（motor theory of speech perception）」です。この理論からは，英語学習者が，/l/ /r/ /w/ などの発音の聞き分けができるためには（lead, read, weed の区別など），その音声を聞き手自身がうまく発音できないとだめだという考え方が出てきます。この理論は，一部の音声学者の熱烈な支持を受けましたが，その後，心理言語学者や第二言語習得研究者の間では一般に支持されるものにはなりませんでした。

ところが，近年になって，Wilson, Saygin, Sereno, & Iacoboni（2004）は，上記 Lieberman らの運動理論を立証する研究成果を発表しました。そこでは，もし聞き手の側で，音声インプットに対応する調音運動を行っているのであれば，その運動にはヒトの大脳内の運動領域を活用する必要があると考えました。そこで，運動野も含めて脳内の活動を fMRI（機能的磁気共鳴画像測定装置）という機器を使って調べたのです。

実験では，英語を母語とする成人 10 人に対し，1 音節の無意味語をそのままじっと受動的に聴き取ってもらうというタスクを与えました。そして，その聴き取りの際の脳活動の様子を，fMRI を用いて記録したのです。

その結果，Wilson らは，ブロードマンの皮質領野でいう BA4 および BA6，すなわち大脳運動野および運動前野が活動していることを発見しました（図 4）。

なお，本書 45 頁図 9 には，一般に脳地図としてしばしば利用されるブロードマンの皮質領野図が掲載されていますので，それを参照しますと，次のことが言えるのではないかと考えられます。すなわち，BA41，BA42（聴覚野）および BA40（ウェルニッケ領域の一部である縁上回）といった，音声知覚に関わる諸領域が活動するのは，音声の聴き取りを行っている以上，よく理解できるものです（以下の表 1 参照）。しかしポイントは，それらの領域以外に，BA4（一次運動野），BA6（運動前野）において明らかな活動がみられることです。これは，音声言語の産出に関わる領域とかなりの部分オーバーラップする脳領域の活動を示唆するものです。以上のデータは，言語音の知覚に際しては，実際に声には出さなくても，無意識のうちに調音運動を行い，対応する音声表象を形成し，それを実際に聴取した音声インプットに同期させていることを明らかにしています。

従来より，脳内出血，脳梗塞（こうそく），脳腫瘍（しゅよう），交通事故による外傷などの原因で，どのような高次機能障害が生じるかについて，さ

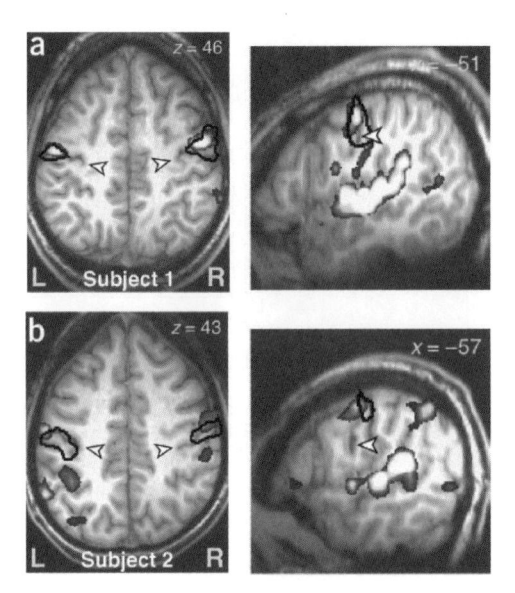

図4　単音節無意味語の聴取時における2人の被験者の脳活動例（頭頂および左半球 [Wilson, Saygin, Sereno, & Iacoboni (2004)]）

表1　ブローカ失語・ウェルニッケ失語の症候および損傷領域（門田 2002）

	症候群	主要損傷領域
ブローカ失語	発話面の障害，非流暢・努力性の言語表出，韻律の障害，失構音，文法障害	ブローカ野（運動性言語中枢）〈BA44〉
ウェルニッケ失語	理解面の障害，流暢多弁な錯語性発話。ジャルゴン，音韻性および語性錯語，新造語	ウェルニッケ野（感覚性言語中枢）〈BA40〉

まざまな症例をもとに分析を行う研究分野を，神経心理学（neuropsychology）と呼んでいます。それらの機能障害の結果，特に，突然ことばが理解できなくなった，話せなくなったといった障害を一般に失語症（aphasia）と言います。表1は，代表的な失語症タイプであるブローカ失語とウェルニッケ失語をとりあげ，その症候群，それぞれの主な脳損傷領域（〈〉内はブロードマンの皮質領野番号）を示したものです。

　それぞれの失語症の責任領域である，ブローカ野（Broca's area），ウェルニッケ野（Wernicke's area）というのは大脳の中でも特に言語処理に特化した領域です。これらのうち，主として理解面（リスニング）の能力が傷

害されるウェルニッケ失語の原因となるウェルニッケ領域は，聴覚野（auditory area：BA41，BA42）からの信号を受けて，ことばの理解を担当する中枢だと考えられてきました。

しかしながら，最近の脳神経科学は，聴覚野やウェルニッケ領域だけが言語音声の知覚に関わっているわけではないことを明らかにしています。すなわち，従来からの音声処理ルート以外に，運動ルート（motor route）が存在し，音声知覚には，腹側系音響ルート（ventral acoustic route）はもちろんのこと，背側系運動ルート（dorsal motoric route）も関係しているのではないかというのです。事実，この考え方は，現在では有力なモデルとして，多くの神経科学者に支持されています。

図5はこの音響的腹側，運動的背側の両ルートを，それぞれのルートに関わる主な脳領域とともに示したものです。両ルートはともに，左大脳半球聴覚野で知覚した音声信号をもとに，処理がスタートします。そして，前者の腹側ルートは，特に側頭葉の前方部と結びついています。そこでは，語彙・意味処理を行いながら，言語産出と関わるブローカ領域に連結させる働きをしています。このように，腹側音声認識ルートは，言語の意味の理解に関係するもので，聴取したインプットの内容に関係するルートです。

他方，運動的背側ルートは，ウェルニッケ領域，角回（angular gyrus：BA39）を経て，頭頂葉・運動野（BA4, 6）などを活用する音声認識ルートです。このルートは，ワーキング・メモリにおける音韻ループ，特にサブボ

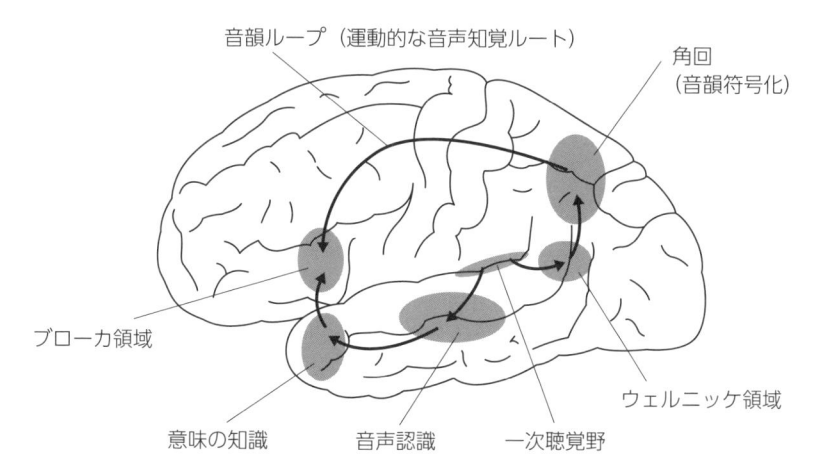

図5　音響的腹側ルート（時計回り）と運動的背側ルート（反時計回り）
（Ward 2006, 324）

ーカルリハーサルに関係する部位としても知られています（門田 2007, 16）。この背側ルートはさらに，運動野を介して，音声産出に関わるブローカ野ともリンクしています。このように運動的背側ルートは，上記でお話しした「音声知覚の運動理論」を支える神経回路になるのではないかと考えられます。

4-2. リハーサルによる学習項目の内在化：外的リハーサルと内的リハーサル

先にシャドーイング・音読による反復プライミングによる学習は，語彙の潜在記憶形成のための潜在学習（語彙知識の手続き記憶化）を促進するのではないかと指摘しました。ここでは，さらにもう一つ，シャドーイング・音読による学習は，長期記憶への情報転送を向上させること，言い換えると，記憶定着のためのリハーサル（rehearsal）を促進する働きがあるのではないかという仮説について検討したいと思います。

従来から，短期記憶（現在ではワーキング・メモリと呼ばれることが多い）は，原則として，次の2つの特性を持つと言われてきました（Loftus & Loftus 1976，など）。

(1) 短期記憶内の情報は，なんらそれを保持しようとするリハーサル（内語復唱）を行わなければ，十数秒で消えてなくなってしまう。
(2) 短期記憶で保持できる容量は，数字や単語の数など項目（これをチャンクと呼ぶ）の数によって決まる。この項目数は，かつては7プラスマイナス2（7±2），その後近年では，4プラスマイナス1（4±1）と言われる（門田 2006a, 14；門田 2007, 133）。

(1)を逆に言えば，情報を保持しようとリハーサルを行えば，短期記憶内に情報を維持でき，さらには，短期記憶から長期記憶へと情報を転送できることを意味しています。事実，認知心理学ではこれまで人の名前を覚える，電話番号を覚えるなど，新たな情報の獲得は，短期記憶内に保持し続けようとする「維持リハーサル（maintenance rehearsal）」や，長期記憶として定着させようとする「精緻化リハーサル（elaborate rehearsal）」というリハーサル（内語復唱）が重要な仕組みであると考えてきました。そして，これらのリハーサルを活用することにより短期記憶（ワーキング・メモリ）内の情報を長期記憶に転送することが可能になるというモデル化が行われてきました（Neath & Surprenant 2003，など）。

シャドーイング・音読による発声を何度も行うことは，聞いて・見て取り

込んだ音声や文字列を，声に出して復唱すること，すなわち「実際に声に出す外的リハーサル（overt vocal rehearsal）」を繰り返し実行することを意味しています。そうすると，このトレーニング効果により，外的リハーサルの高速化が生じます。その結果，認知負荷が軽くなり，外的リハーサル自体が自動化した段階に入るようになります。すると，今度は声に出さない内的なサブボーカルリハーサル（covert subvocal rehearsal）において，取り込んだ言語連鎖を音韻的に保持する「維持リハーサル」や，その意味内容の処理や，記憶・内在化を行う「精緻化リハーサル」をより効率的に実行できるようになり，質的転換をはかることができるのではないかと仮定できます。

しかしながらこの「外的および内的リハーサル」の関係については，さらに検討が必要です。両者の関係を明らかにすることで，シャドーイング・音読のトレーニングが，新規学習項目の定着や内在化（言い換えれば，ワーキング・メモリ内の音韻ループから長期記憶への転送）にいかにつながるか，その道筋が明らかになるのではないかと思われます。

4-3. シャドーイング・音読と，語彙力・スピーキング能力との関係

これまで，シャドーイング・音読の効果は，主にリスニング能力向上との関係で検討されることが多かったと思います。ここでは，語彙力，特に1-2で取り上げたフォーミュラ連鎖（FS）や，スピーキング力の獲得にどのような効果が期待できるかという観点から，さらに考察したいと思います。

門田（2009a）は，第二言語としての英語の流暢なスピーキングがどのようにして達成されるのかについて，次の3つの仕組みを仮定しました。

(1) 単語を素材に，文産出のための統語規則を適用した文産出（rule-governed sentence production）
(2) フォーミュラ連鎖（formulaic sequence）をもとにした文産出（formulaic sentence production）
(3) 統語的プライミングにもとづく文産出（syntactically-primed sentence production）

(1)～(3)の中で，(1)は，Chomskyなど生成文法学者による主張にもとづくものです。私達は，ふだん無意識のうちに，文法に関する知識（規則）を活用しながら，「新たな文（new sentences）」を生成（産出）することができます。このような創造的な言語能力を所有したおかげで，これまで誰も言っていない発見をし，新たな概念や哲学を創り出すことが可能になりました。

これは，いわば人の「文化」の創造に関わる言語能力です。そして，このような創造的文産出能力は，もちろん母語（第一言語）だけに必要であるというわけではありません。第二言語においても確かに必要な能力です。

しかしながら，文産出，特に流暢なスピーキングを可能にしてくれるのは実はそれだけではありません。頭の中に丸ごとたくわえている構文や語彙のまとまり（連鎖）を土台にして，文を作ったり（上記(2)），会話において相手が使用した既出の構文が頭の中に残っていてそれを再度使用したり（上記(3)）して文をつくることがかなり多いのです。

とりわけ，(2)のような単語連鎖をもとにした文産出や，(3)の統語プライミングにもとづくスピーキングプロセスに，シャドーイングを繰り返し練習する意義があると考えることができます。

(2)は既に1-2で解説しました。イディオム（idioms），単語と単語の繋がり（collocations），文の基盤表現（sentence stems）など偶然の確率を超えて出現する高頻度の単語連鎖です。これらは，ふだん長期記憶中に全体として貯蔵され，スピーキングの際にも，全体として検索・活用され，それ以上の内部処理をしない言語単位です。これらのプレハブ表現を，駆使し，スピーキングを行うことで，大幅に第二言語における文産出の際の認知負荷を軽くすることができるようになります。またそれにより，自らが話そうとするその中身に意識的な注意を集中できるようになります。シャドーイング・音読によるトレーニングには，このフォーミュラ連鎖を，顕在的・意識的に記憶するのではなく，それらを手続き記憶化する潜在学習の効果が期待できると考えられます。

さらに，上記(3)との関連で，シャドーイング・音読の効果について検討してみましょう。

英語など第二言語で，発話（スピーキング）をする場合には，認知負荷が高くかかり，またよく緊張するものです。そうすると，実際に声に出して言うまでに，いったん頭の中で文をつくって，それから発話することも多くあります。母語でも，例えば，講演会など多くの人がいる場面で講演者に質問をするときは，無意識のうちに事前にリハーサルするものです。実際に口に出して発言する前に，このように頭の中で「内的リハーサル（subvocal rehearsal）」をすることは，スピーキング力をつけるすぐれた練習になるのではないでしょうか。要は，スピーキングをしようとする前の下稽古であるこの「内的リハーサル」が，既に述べたプライミング効果として，スピーキングにとって極めて重要な意味を持つのではないかということです。

Scovel (1988)，白井 (2004)，吉田・白井 (2007) をはじめとしてこれま

での第二言語習得研究では，言語学習における沈黙期（silent period）の存在を指摘しています。親の転勤などで英語圏に連れて行かれた子どもが，一定期間ずっと黙っていたのに，ある日突然，周囲の驚きをよそに，流暢な英語で話し始めるということはしばしば見られる現象です。この沈黙期には，まわりの発話の理解に終始するだけではなく，実は聞き取った入力音声を内的にリハーサルしているのではないかということが指摘されています。このように心の中で文を発する内的なリハーサルは，一種の反復プライミングをみずから実践することにつながり，流暢な発話（スピーキング）の鍵になると考えられます。

　声に出して，何度も繰り返しシャドーイングや音読による外的リハーサルの練習を積むことで，その高速化・自動化を達成し，その結果，こころの中で復唱する内的リハーサルの質的転換が期待できます。これにより，スピーキングのためのプレハブ素材となる「フォーミュラ連鎖」の獲得・内在化のための潜在学習に大いに役立ちます。同時に，何度も復唱することで統語構造の反復プライミング効果につながるのではないでしょうか。

　すなわち，語彙習得やスピーキングとの関係では，シャドーイング・音読に次の２つの効果が仮定できるのです。

(1)フォーミュラ連鎖（FS）の記憶・内在化のための潜在学習を促進する
(2)流暢なスピーキングを可能にする反復プライミングによる統語構造の潜在学習を促進する

　以上２つの効果は，今後実証的・実践的な観点から検討が必要な仮説ですが，シャドーイング・音読が，いかにスピーキング能力の獲得と関係しているかを明らかにするポイントになると考えられます。

5. シャドーイング・音読によるフォーミュラ連鎖学習法

　ここでは，スピーキングの前提となる，英語のフォーミュラ連鎖（formulaic sequence：FS）などの語彙連鎖をシャドーイング・音読によって学ぶ方法について考えてみたいと思います。こういった連鎖は一般に，英語母語話者のメンタルレキシコン内に数百から数千といったレベルで保存されているのではないかと言われています。

　まず，フォーミュラ連鎖にどのような種類があるかについて，Moon (1997) は，表２の５つに分類しています。

表2　フォーミュラ連鎖の分類 (Moon [1997, 44] にもとづく)

連語項目（MWIs）	例
複合語（compounds）	freeze-dry, Prime Minister, long-haired, など
句動詞（phrasal verbs）	go, come, take, put などの動詞と up, out, off, in, down, などからなるもの
イディオム（idioms）	kick the bucket, rain cats and dogs, spill the beans, など
固定フレーズ（fixed phrases）	of course, at least, in fact, by far, good morning, how do you do, など上の3つの分類に入らないもの。dry as a bone のような直喩や it never rains but it pours のようなことわざもここに入る
プレハブ（prefabs）	the thing/fact/point is, that reminds me, I'm a great believer in, のような決まり文句。個々のプレハブがどの程度固定化されているかその程度は異なるが，多くの場合特定の談話的機能を果たしている

また Byrd (2009) は，より具体的に以下を列挙しています。

(1) 一語による定型句（single word formulas）（例）thanks, okay など
(2) 非隣接の2語成句（two-word collocates that may not be adjacent）
　　（例）I ... know など
(3) 空所付単語連鎖（multi-word sets with internal gaps）
　　（例）in the ... place
(4) 完結が必要な単語連鎖（multi-word sets that need completion）
　　（例）I don't want to ...
(5) 固定単語連鎖（invariable multi-word sets）
　　（例）on the other hand
(6) 句動詞（phrasal verbs）（例）look up
(7) 前置詞付き動詞（prepositional verbs）（例）agree with ...
(8) 複数の語から成るイディオム（multi-word idioms）
　　（例）give someone a run for ... money
(9) 名称（names）（例）Georgia State University
(10) 専門的用語（technical terminology）（例）degree of freedom
(11) フレーズ枠（phrase frames）（例）the ... of the, it is ... to

以上の(1)〜(11)の連鎖は実は研究者の数だけ区別の仕方があり，この点は極めて複雑な実態を呈しています。しかし，皆さんもそれぞれがどのようなものを指しているか，実例を見ているとおおよその見当はつくと思います。

このようなフォーミュラ連鎖を習得するためには，それらをさまざまな場面で繰り返し処理する機会を与えてくれる多読・多聴などとともに，繰り返しリハーサルすることで潜在記憶化（手続き記憶化）をはかるシャドーイング・音読のトレーニングが適しています。

シャドーイングの練習方法も様々ありますが，玉井健氏が，『多聴多読マガジン』誌上で展開している6ステップが標準的な方法です。

Step 1　リスニング（テキストを見ないで，一度全体を聞いてみる）
Step 2　マンブリング（スピーチを聞きながら口の中でブツブツつぶやく）
　　これは，音声をいきなりシャドーイングしないで，小さくても自分の声で反応するもので，シャドーイングの導入前に最適な活動です。
Step 3　テキストで意味や英語の確認
　　知らない単語があったり，断片しかわからないという場合は，英語をテキストで確認する必要があります。
Step 4　シンクロ・リーディング
　　音声を聞きながらテキストを音読する方法です。「パラレルリーディング」とも呼ばれます。
Step 5　プロソディ・シャドーイング
　　聞こえてくるスピーチを聞きながら，できるだけ正確に英語で再現するもので，これが「シャドーイング」に当たります。この段階では，正確な音声の再現に意識を置いて行います。
Step 6　コンテンツ・シャドーイング
　　意識を意味に向けて，内容をとりながらシャドーイングする練習です。

また，門田・高田・溝畑（2007）は，シャドーイングと音読を組み合わせ，パラレルリーディング，シャドーイング，音読の順に学習を進めていく方法を採用しています。そして，すでにお話した「音声知覚の自動化」と「フォーミュラ連鎖などの潜在学習」を区別するという視点から，パラレルリーディング，シャドーイング，音読の練習は，すべて，(1)プロソディ・トレーニング段階と(2)コンテンツ・トレーニング段階に分けています。そして，(1)の段階では，リズム・イントネーションなどプロソディを中心に英語の発音の自動化を目的とし，(2)では，「手続き的知識」への移行をめざして，何度も

繰り返し意味に注意しながら練習することで，英文に含まれるフォーミュラ連鎖などの潜在学習を意図しています。

さらに，以下に示すように門田・長谷・氏木・White（2011）では，シャドーイング練習の2つの基本形態を区別して，英語インプットの理解からアウトプットへとスムーズに学習ができるシステムを提案しています。

(1)ボトムアップシャドーイング（bottom-up shadowing）
　　英語の音声を聞いたあと，その後すぐにそのまま繰り返す練習で，英語の発音そのものをネイティブ並に鍛えようとするもの。
(2)トップダウンシャドーイング（top-down shadowing）
　　英文の語彙・構文や，テキストの内容を把握した上で行う練習で，フォーミュラ連鎖など英語の語彙・文法の知識をアップしようとするもの。

そして，上記(1)(2)の他に，英文中の語彙・文法のチェックや，パラレルリーディング，音読，リピーティング（repeating），リテリング（retelling）などの練習を配置し，さらにどこまでできるようになったかを意識してもらう（メタ認識の形成）ためのCan-do Listを設け，学習がスムーズに展開できるようにしています。

本書で主に意図しています語彙や語彙連鎖の運用力の学習のためには，通常の方法によるシャドーイング・音読だけではなく，学習をめざす語彙を複数含んだ英文を用意して練習することが必要です。その際に，フォーミュラ連鎖を含んだ文をいくつも用意し，1～2文レベルのシャドーイング・音読をするやり方と，比較的短いパッセージを，フレーズや文で区切って実施するシャドーイング・音読をするという2通りの方法が考えられます。

(1)センテンスシャドーイング
　　この素材としては，門田・高田・溝畑（2007）で採用した有名な引用のことば（famous quotations）のシャドーイングなどは最適でしょう。

Mankind must *put an end to* war, or war will *put an end to* mankind.
　　　　　　　　　　　　　　　　　　　　　　　—— John F. Kennedy
The more I learn *the more* I realize I don't know. *The more* I realize I don't know *the more* I want to learn.
　　　　　　　　　　　　　　　　　　　　　　　—— Albert Einstein
We ourselves feel that *what we are doing is just* a drop in the ocean. But

the ocean would be less *because of* that missing drop.

―― Mother Teresa

Man is *no more than* a reed, the weakest in nature. But he is a thinking reed.

―― Blaise Pascal

All our dreams can come true – *if we have* the courage *to* pursue them.

―― Walt Disney

Anyone who stops learning is old, *whether* at twenty *or* eighty. *Anyone who* keeps learning stays young. *The greatest thing in* life *is* to keep your mind young.

―― Henry Ford

Boys, be ambitious, *not for* money, *not for* selfish accomplishment, *not for* that evanescent thing which men call fame. Be ambitious for attainment of all that a man ought to be.

―― William S. Clark

(2)パッセージをフレーズ，文で切って実施する方法

　これは，三宅（2012，265-267）が提唱するもので，まだシャドーイング・音読に慣れていない学習者を対象に，事前に音声素材を意味チャンク等の短い単位に切り分けて，チャンク間に一定のポーズを入れ，チャンクごとに練習する方法です。シャドーイングする単位が短く，ポーズも置かれているため再生率は高くなります。

　このチャンクレベルの練習の後には，センテンスレベルの練習を行います。チャンクシャドーイングがほぼ完全に再生できるようになった後で行う必要があります。

　これらの事前の準備としては，英文をいくつかの短いフレーズやセンテンスに分割し，それらの間にポーズを挿入しておきます。これは，インターネットでダウンロードできる無償の音楽ソフトや音声分析ソフト（Windows Media Player, iTune, Audacity, Praat など）を活用すれば誰でも簡単にできます。また，ポーズの挿入の際には，2秒を大幅に超えるような長いフレーズやセンテンスをつくらないようにし，フレーズの間には，目安として直前のフレーズの約3分の1程度の長さのポーズを入れるとよいでしょう。詳しい手順については，三宅（2012，260-267）を参照ください。

3 「使える」英単語をさらに増やすための方法

概要

ここでは，主として上級者向けの語彙（出現頻度や親密度が低いもの）について，その特徴とともに効果的な学習法を解説します。語彙学習には潜在学習と顕在学習の2つがあることは既に解説しましたが，それらを簡単に復習するとともに，その出現頻度の低さから，上級者向けの語彙については顕在学習が効果的であることを示します。また，様々な語彙テストと英語標準テストのスコアの相関が高いことから，総合的な英語力にとっての語彙力の果たす役割についても解説し，最後に，語彙の顕在学習のための具体的な学習法を紹介します。

キーワード

上級者向けの語彙，出現頻度と親密度，潜在学習と顕在学習，上級者のための語彙学習法

1. 上級者向けの単語の特徴と顕在学習の重要性

本書で既に解説したように，単語の知識と一口に言っても，意味（日本語訳）の他にもスペリング，発音，品詞，コロケーション（どういった語と一緒によく使われるか），文脈（その単語がどういった状況でよく使われるか）など，その知識には数多くの側面があります。また，単語の意味自体も文脈によって大きく変わります。多義語と呼ばれるものについてはなおさらです。こういった様々な側面を持つ単語を学ぶためには，読書や会話などを通して実際にその単語と遭遇する機会を増やし，自然と学習していくこと（潜在的語彙学習あるいは偶発的語彙学習）が王道であり，最終的にはそのようにして自然に身につけた語彙は高い運用力を持ったものと言えるでしょう。

ただし，外国語学習の場合，こういった潜在学習には多くの問題（という

か限界）が存在することが指摘されているのも既に本書で説明した通りです。主なものを2つ挙げるとすれば，ある程度の「基本語彙」を持っていなければ潜在学習は起こりにくい，外国語の場合には日常的にその言語（単語）に触れる機会が不足しているため，潜在学習が起こりにくいといったものです。以上のことから，外国語を学ぶには，特に初学者の場合，単語帳を利用するなどして，意識的・意図的に単語を覚える，いわゆる顕在的語彙学習（explicit vocabulary learning）が重要な役割を果たすと考えられます。

さて本来の話に戻りますが，ここで話題となっている上級者向けの語彙というのは，先に述べた「基本語彙」などに比べてその出現頻度が低いものです。言い換えれば，意図的に触れ，学習しようとしない限り，日常的にはあまり触れることが期待出来ないものです。従って，それでなくても単語への接触が限られている外国語学習者の場合，上級者向けの語彙を潜在的，偶発的に学ぶことはあまり現実的とは言えません。こういった場合，「偶然の出会い」を期待するよりも，意識的に行う顕在学習が効果的ということになります。

2. 英語の語彙力と総合的な英語力の関係

英語学習において，語彙数が具体的な達成目標にされることが良くあります。例えば，2013年に実施に移された高等学校新学習指導要領においても，中学校3年間で学習することになる1200語に加えて，高校で1800語（最低ライン），中高を通して合計で少なくとも3000語を習得させることを目標とする（文部科学省）といった具合です。実際，語彙力と英語力の高い相関関係を示した研究は枚挙にいとまがなく，野呂・島本（2003）は，英語の語彙知識と言語運用力の関係を多くの先行研究の結果を引用して示しています。例えば，リーディングと語彙知識の関係（Nassaji & Geva 1999），リスニングと語彙知識の関係（Bonk 2002），ライティングと語彙知識の関係（Laufer & Nation 1995），スピーキングと語彙知識の関係（Newton 1995）などです。また，語彙レベルと様々な英語標準テストとの相関関係の高さを見ても，総合的な英語力に占める語彙力の重要性を理解することが出来ます。

3. 上級者のための語彙学習法

先述のように，上級者に対する語彙指導としては顕在学習が効果的だと言えます。ここでは，野呂・島本（2003）を参考にしながら，英語上級者のた

めの語彙の顕在学習の方法を考えてみたいと思います。

(1) 既知語と未知語の組み合わせ

　人の持つレキシコン（語彙の集合体）は蜘蛛の巣のように相互に関連した意味ネットワーク構造をしていると考えられています（Aitchison 2003）。従って，新しい語を覚えようとするとき，学習者が持つ意味ネットワーク内の関係のある語と結びつけることにより，新しい語に意味的関連性を持たせることが出来ます。こうすることにより，より効果的に新しい語を覚えることが可能となるわけです。ただし，この際に注意しなければならないのは，組み合わせる相手として十分に知っている語を選ばなければならないということです。そうでなければ，結果として関連した2つの語（同義語，反意語など）を同時に学ぶことになってしまい，学習者が思い出す際に干渉が起こり，結果的に混乱が生じてしまいます。英英辞書の使用は，英語を英語のままで理解するための一歩となる有効な学習法ですが，新出語の意味を他の単語で置き換える場合，学習者にとって十分に親密度の高いもの，出来れば自動的に意味が認知出来る程度のもの（sight vocabulary）が望ましいと考えます。

(2) セマンティック・マッピング（semantic mapping）

　上に紹介した既知語と未知語を組み合わせる方法の1つがセマンティック・マッピングです。これは，教師と学習者がまず中心となる語を取り上げ，その語について連想される語をどんどん挙げていき，挙がった語を関連性の深さに応じてグループ分けし，図示するというものです（次頁図1）。これにより学習者は，自らが持つレキシコンの中で既知語と未知語を関連させることが出来ると考えられます。

(3) 深い処理を伴う学習

　新情報の記憶は，その情報が処理されたときの深さの度合いによって決定されると言われます（Craik & Lockhart 1972）。従って，新しい単語を学習する際，単に機械的に暗記するよりも深い処理（認知的負荷の大きい処理）をする方が記憶に定着するということになります。Craik & Tulving（1975）によると，表面的な形態的処理よりは音声処理の方が，さらに音声処理よりもより深い意味的処理がなされた単語の方が記憶に残るとされます。具体的に言うと，単にスペリングを見て，或いは書いて覚えるよりも発音しながら覚える方が効果的であり，また，同じ意味処理をするにしても，日本語訳を

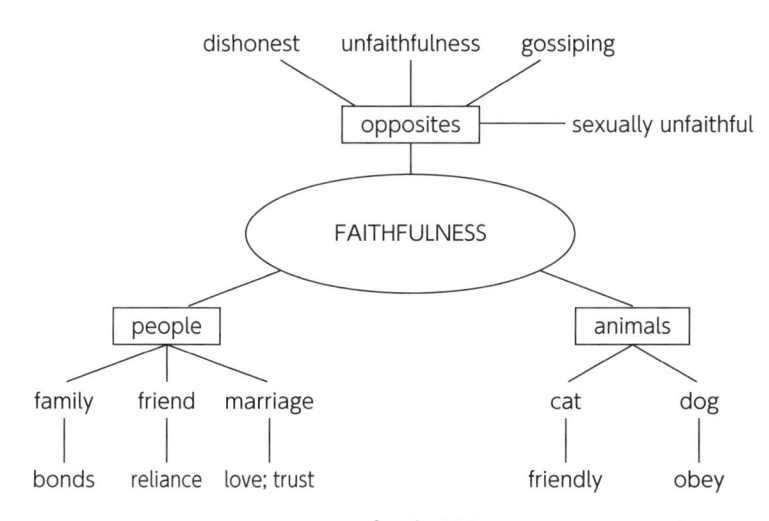

```
                dishonest  unfaithfulness  gossiping
                          \    |    /
                          [opposites] ——— sexually unfaithful
                                |
                          ( FAITHFULNESS )
                           /            \
                      [people]         [animals]
                     /   |   \          /    \
                family friend marriage cat   dog
                  |    |      |        |     |
                bonds reliance love;trust friendly obey
```

図1　セマンティック・マッピングの例 (Sokmen 1992, 1997)

与えてそれとの一対一対応で覚えるよりも，例えば文脈を与え，その中で未知語の推測をさせるといった深い認知処理をさせる方が効果的であると言えます。

(4)語の形態情報の利用

英単語はしばしば，語幹（stems）に接辞（affixes）がついて出来上がっています。語幹の前につくものは接頭辞（prefixes），後ろにつくものは接尾辞（suffixes）と呼ばれています。それぞれの接頭辞や接尾辞は固有の意味を持つものが多く，これらの知識をうまく活用することで，既に知っている語彙の知識を用いて未知語の意味を推測したり，あるいは語彙の知識を拡張したりすることが出来ます。

例えば，unprecedented という長い語を例にとって考えてみましょう。この語は以下のように3つの部分に分けることが出来ます。

$$\boxed{\text{un}} + \boxed{\text{precedent}} + \boxed{\text{ed}}$$

つまり，語幹 precedent に接頭辞の un，そして接尾辞の ed がついた形です。ご承知のように，接頭辞（この場合，正確には派生形接辞［derivational affixes］）un は通常否定の意味を持ちます。そして接尾辞（この場合，正確には屈折形接辞［inflectional affixes］）の ed は，過去形や過去分詞形を作る用法とは別に，形容詞を作る用法があります。もし precedent が「前例」

という意味であることを知っていたら，unprecedented が「前例のない，前代未聞の」という意味の形容詞になることは比較的容易に想像出来ます。

さらに，語幹の precedent ですが，動詞形は precede です。そしてこれは以下のように分けることが出来ます。

$$\boxed{\text{pre}} + \boxed{\text{cede}}$$

接頭辞 pre が「以前の，あらかじめ」という意味をもち，cede がもともと「行く」という意味をもっていることを知っていたら，precede（先に起こる，先行する）の意味も precedent の意味も比較的簡単に推測出来ます。

Nation（2001, 264）は，第二言語において接辞の知識が増えると，新しい語を学ぶ場合，その語に含まれる接辞と自分の知識を関係づけて記憶を強化でき，文脈から推測した未知語の意味が正しいかどうかを確認することが出来るとしています。

いずれにしても，限られた接辞の知識を身につけるのは比較的容易ですが，それを有効に活用するにはある程度豊富な語幹の知識が求められます。その意味で，語の形態を利用したこの語彙習得法は上級者向けであると言えます。

(5) 学習方略の活用

最後に，学習方略を活用した語彙学習法を紹介しましょう。学習方略（learning strategies）とは，学習をより速く，より効果的にするために学習者がとる行動のことを指します（白畑ほか，2009）。Schmitt（2000）は，語彙学習に関する 57 の方略リストを作成し，それを用いて日本人学習者 600 名を対象にどのような方略を使ったか，あるいはどのような方略が役に立つかを尋ねました。結果，3 つの方略（英和辞書を使う，書いてまたは声に出して繰り返す，形式に焦点を当てる）が日本人学習者が好むものであることがわかりました。同時に，方略に対する好みは，学習者の英語熟達度や年齢にもよることが確かめられました。また，様々な研究結果によると，この 2 つの要因以外にも，学習者の文化的背景，学習者の個人差，方略に対する教師の知識も学習方略を活用した語彙学習の成否に影響を及ぼすと考えられています。語彙指導に学習方略をうまく取り入れるためには，教師がその意義を理解し，学習者を十分理解しておくことが求められると言えるでしょう。

本書のまとめ

　最後に，本書の内容についてその概要をまとめておきます。
　本書は，英単語を「知っている」のと「使える」のとはどこがどう違うのかという問題意識から出発しました。そしてまず，①これまでの英単語の学習方法やそのテストの方法を振り返り，それを受けて，②今後必要とされる，使える英単語の知識はどのようなものなのか解説しました。そして，③使える英単語の力は，どういった視点からどう測定したらよいか考えました。また，これら①〜③に関連して，そもそも背景となる「使える英語」とはどのような能力なのか，近年発展著しい認知神経科学（cognitive neuroscience）の成果をもとに，考察しました。
　次に，第2章では，英単語の選定，プログラミングなど，付録の「コンピュータ版英単語語彙処理（computer-based English lexical processing：CELP）テスト」の作成をどのようにして行ったかを，これからこういったテスト開発をしてみたいという英語の指導者の方々を念頭に，説明しました。その上で，このCELPテストが，実用に供することができるような妥当性，信頼性を備えているという調査結果を報告しました。また，テストを受ける学習者の立場から，テストを受けるときの注意点を解説しました。
　またこのCELPテストはどのような活用法があるのでしょうか。これについても，①英語学習者のための活用法，②英語指導者のための活用法という2つの立場から考えました。①については，語彙処理の自動化がプロの英語力をめざす人にきわめて重要であり，その目安がどのような指標（数値）になるか検討しました。また，②では，英語指導者の立場から英語授業の設計にあたって，学習者へのインプット活動をいかにしてアウトプット活動に結びつけるか考えるための前提となる英単語処理の自動性の度合いを測定できることを指摘しました。さらに，さまざまなコミュニケーション活動の効果を査定するために，教室内プリ・ポストデザイン研究（classroom pre-post design research）に英単語の運用力という観点から活用できることを提案しました。
　最後に，「使える」英単語力をいかにして増やすかという方法について，①多読・多聴による方法と②シャドーイング・音読による方法を取り上げました。①では，多読・多聴がどのような英語学習法で，英単語の習得にどういった効果があるのかについて，データにもとづいて解説しました。また，

②では，近年広まりつつあるシャドーイングや音読について，その学習法が単語や複数の語連鎖，さらには統語処理能力の潜在学習にいかなる効果が予測できるか検討し，実際にフォーミュラ連鎖の習得にどのように活用したらよいかその方向性を示しました。また，出現頻度の少なさから，多読・多聴やシャドーイング・音読による潜在学習では学べない，やや難しい英単語については，どういうやり方で学習していくのがよいか，上級者向けの解説も加えました。

英単語を「知っている」状態から「使える」状態に変貌させるときに，本書が提唱しているアプローチは，意識的に分析することでも暗記することでもありません。そのような顕在学習も学習当初は不可欠です。しかしそれだけでは，意識してはじめて使える英単語の知識は増えても，自動化した状態で使えるようにはなりません。本書は，多読・多聴やシャドーイング・音読による，無意識的な潜在学習の必要性を強調しています。沢山のインプットを処理し理解しているうちに，さまざまな音声や文字素材を，声に出して発音（復唱）しているうちに，いつの間にか知らず知らずのうちに覚えてしまう，そんな繰り返し学習が必須だと提言しているのです。

では，このような反復プライミング（repetition priming）にもとづく学習法を考えていく際に，どういった点に留意する必要があるでしょうか。

反復プライミングといっても実は次の2つが区別できると考えます。

①反復プライミング
②疑似反復プライミング

多読・多聴における反復プライミングについて少し考えてみましょう。多読・多聴を実施し，すぐにある未知の英単語に遭遇して，その語の意味を，辞書を引いたり，コンテクストから推測したりして，正しく理解できたとします。その後，多読・多聴を継続していきますと，多くのインプットを処理するこの方法では，先に処理した初見の英単語に再度出会う確率はかなり大きいと考えられます。同じ語に再度出会った時には，その語の意味がどのようなものであったか，長期記憶から知識検索することになります。しかし，再度遭遇した時のその語は，はじめて遭遇したときと同じコンテクストで使われているわけではありません。一緒に前後で共起している単語も，また意味的な脈絡も異なります。このような異なる状況の中で，その語の意味情報の検索，さらには再検索，再々検索が繰り返されることになります。これが多読・多聴におけるプライミング効果です。反復プライミングではあります

が，全く同一の環境ではない，「疑似反復プライミング（quasi-repetition priming）」とでも呼べる繰り返し学習です。このような学習状況を多読・多聴は提供してくれます。

　これに対し，シャドーイング・音読の場合はどうでしょうか。文レベルあるいは文章レベルの英語を，何度もそのまま繰り返すという練習法では，基本的にその効果は5回程度までで，それ以降天井効果（ceiling effect）がおき，あまり効果的でなくなることがわかっています（本書145頁を参照）。そのままの繰り返しではなく，同様の内容を扱った異なる英文を使って練習することで，類似した単語や語連鎖が多く含まれた英文をもとに，何度もシャドーイング・音読を繰り返すことになります。そうすることで，先に処理したときとは異なる状況下で同じ単語や表現の情報検索を繰り返すことができるのです。すなわち，上記の多読・多聴と同様に，一緒に共起している単語も，意味的文脈も異なる中で，情報の検索，再検索，再々検索を繰り返すことになります。これがやはり，シャドーイング・音読の疑似プライミング効果と呼べるものを実現することになると考えられます。

　全く同一の単語や語句の反復プライミングだけでなく，異なるコンテクストの中で，特定の単語や語句の検索を何度も繰り返すこと，この繰り返しにより，多読・多聴も，またシャドーイング・音読も，さらに大きな反復プライミングの学習効果が期待できるのです。以上のような多読・多聴，シャドーイング・音読による繰り返し学習（疑似反復プライミング）を行い，それにより可能な限り強固な潜在記憶（implicit memory）を形成することこそ，「知っている」英単語を「使える」英単語に転化するための不可欠な条件なのです。

主要参考文献

●欧文文献：

Aaron, P. G., R. M. Joshi, M. Ayotollah, A. Ellisberry, J. Henderson, and K. Lindsey. 1999. Decoding and sight word naming: Are they independent components of word recognition skill? *Reading and Writing: An Interdisciplinary Journal* 11(2): 89-127.

Adams, M. J. 1994. Modeling the connections between word recognition and reading. In *Theoretical models and processes of reading*. 4th ed., ed. R. B. Ruddell and H. Singer, 838-63. Newark, DE: International Reading Association.

Aitchison, J. 2003. *Words in the mind: An introduction to the mental lexicon*. 3rd ed. London, UK: Blackwell.

Anderson, J. R. 1983. *The architecture of cognition*. Mahwah, NJ: Erlbaum.

Baddeley, A. D. 2000. The episodic buffer: A new component of working memory? *Trends in Cognitive Sciences* 4(11): 417-23.

Baddeley, A. D. 2002. Is working memory still working? *European Psychologist* 7: 85-97.

Bear, M., B. W. Connors, and M. A. Paradiso. 2007. *Neuroscience: Exploring the brain*. 3rd ed. Philadelphia, PA: Lippincott Williams & Wilkins.

Bonk, W. J. 2000. Second language lexical knowledge and listening comprehension. *International Journal of Listening* 14(1): 14-31.

Byrd, P. 2009. On the other hand: Lexical bundles in academic prose and in the teaching of EAP. Paper presented at the TESOL 2009 Convention, Denver, CO.

Cain, K. 2006. Children's reading comprehension: The role of working memory in normal and impaired development. In *Working memory and education*, ed. S. Pickering, 61-91. Burlington, MA: Academic Press.

Canale, M., and M. Swain. 1980. Theoretical basis of communicative approaches to second language teaching and testing. *Applied Linguistics* 1(1): 1-47.

Chall, J. S. 1996. *Stages of reading development*. 2nd ed. Fort Worth, TX: Harcourt Brace & Company.

Collins, A. M. and E. F. Loftus. 1975. A spreading activation theory of semantic processing. *Psychological Review* 82(6): 407-28.

Cowan, N. 2000. The magical number 4 in short-term memory: A reconsideration of mental storage capacity. *Behavioral and Brain Sciences* 24(1): 87-185.

Day, R. R., and J. Bamford. 1998. *Extensive reading in the second language classroom*. Cambridge, UK: Cambridge University Press.

Defior, S., L. Cary, and F. Martos. 2002. Differences in reading acquisition development in two shallow orthographies: Portuguese and Spanish. *Applied Psycholinguistics* 23(1): 135–48.

De Groot, A. 1992. Bilingual lexical representation: A closer look at conceptual representations. In *Orthography, phonology, morphology, and meaning*, ed. R. Frost, and L. Katz, 389-412. Amsterdam, NL: Elsevier.

Favreau, M., and N. S. Segalowitz. 1982. Second language reading in fluent bilinguals. *Applied Psycholinguistics* 3(4): 329-41.

Fukkink, R. G., J. Hulstijn, and A. Simis. 2005. Does training in second-language word recognition skills affect reading comprehension? An experimental study. *Modern Language Journal* 89(1): 54-75.

Gass, S. 1997. *Input, interaction, and the second language learner*. Mahwah, NJ: Lawrence Erlbaum.

Gass, S., and L. Selinker. 2008. *Second language acquisition: An introductory course*. 3rd ed. Florence, KY: Routledge.

Glushko, R. J. 1979. The organization and activation of orthographic knowledge in reading aloud. *Journal of Experimental Psychology: Human Perception and Performance* 5(4): 674-91.

Grabe, W., and F. L. Stoller. 2002. *Teaching and researching reading*. London, UK: Pearson ESL.

Grabe. W. 2009. *Reading in a second language: Moving from theory to practice*. Cambridge, UK: Cambridge

University Press.
Harrington, M. 2006. The lexical decision task as a measure of L2 proficiency. *EUROSLA Yearbook* 6 (1) : 147-68.
Hirsh, D., and I. S. P. Nation. 1992. What vocabulary size is needed to read unsimplified texts for pleasure? *Reading in a Foreign Language* 8(2): 689-96.
Hoover, W., and P. Gough. 1990. The simple view of reading. *Reading and Writing* 2(2): 127-60.
Hori, T. 2008. *Exploring shadowing as a method of English pronunciation training*. Unpublished doctoral dissertation, Kwansei Gakuin University.
Hulstijn, J. H., A. Van Gelderen, and R. Schoonen. 2009. Automatization in second language acquisition: What does the coefficient of variation tell us? *Applied Psycholinguistics* 30(4): 555-82.
Ishikawa, S. and Y. Ishikawa. 2008. L2 proficiency and word perception: An fMRI-based study. *ARELE* 19: 131-40.
Isobe, Y. 2011. Representation and processing of formulaic sequences in L2 mental lexicon: How do Japanese EFL learners process multi-word expressions? *JACET Kansai Journal* 13: 38-49.
Ito, M. 2002. A general review of the studies of syntagmatic-paradigmatic shift in English and Japanese as a first language. *Bulletin of the School of Humanities, Toyohashi University of Technology* 24: 39-70.
Jiang, N. 2000. Lexical representation and development in a second language. *Applied Linguistics* 21 (1) : 47-77.
Jiang, N., and T. Nekrasova. 2007. The processing of formulaic sequences by second language speakers. *Modern Language Journal* 91(3): 433-45.
Just, M. A., and P. A. Carpenter. 1980. A theory of reading: From eye fixation to comprehension. *Psychological Review* 99(1): 122-49.
Kadota, S., and K. Ishikawa. 2005. Do Japanese EFL learners activate phonology in reading English words and Japanese kanji? *JACET Bulletin* 40: 55-75.
Kame'enui, E., and D. C. Simmons. 2001. Introduction to this special issue: The DNA of reading fluency. *Scientific Studies of Reading* 5(3): 203-10.
Katz, L., and R. Frost. 1992. The reading process is different for different orthography: The orthographic depth hypothesis. In *Orthography, phonology, morphology, and meaning*, ed. R. Frost, and L. Katz, 67-84. Amsterdam, NL: Elsevier.
Koda, K. 2005. *Insights into second language reading*. Cambridge, UK: Cambridge University Press.
Krashen, S. 1982. *Principles and practice in second language acquisition*. Oxford, UK: Pergamon.
Krashen, S. 1985. *The input hypothesis: Issues and implications*. London, UK: Longman.
Kroll, J., and N. Tokowicz. 2005. Models of bilingual representation and processing: Looking back and to the future. In *Handbook of bilingualism: Psycholinguistic approaches*, ed. J. Kroll, and A. de Groot, 531-53. New York, NY: Oxford University Press.
Kroll, J., and A. de Groot, eds. 1997. Lexical and conceptual memory in the bilingual: Mapping form to meaning in two languages. In *Tutorials in bilingualism: Psycholinguistic perspectives*, ed. A. de Groot, and J. Kroll, 169-199. Mahwah, NJ: Lawrence Erlbaum.
Kroll, J. F. 1993. Accessing conceptual representations for words in a second language. In *The bilingual lexicon*, ed. R. Schreuder, and B. Weltens, 53-81. Amsterdam, NL: John Benjamins.
LaBerge, D., and S. J. Samuels. 1974. Toward a theory of automatic information processing in reading. *Cognitive Psychology* 6(2): 293-323.
Laufer, B., and K. Shmueli. 1997. Memorizing new words: Does teaching have anything to do with it? *RELC Journal* 28(1): 89-108.
Laufer, B. 1992. How much lexis is necessary for reading comprehension? In *Vocabulary and applied linguistics*, ed. P. J. L. Arnaud, and H. Bejoint, 126-132. London, UK: Macmillan.
Liberman, A. M., and I. G. Mattingly. 1985. The motor theory of speech perception revisited. *Cognition* 21(1) : 1-36.
Logan, G. D. 1988. Toward an instance theory of automatization. *Psychological Review* 95(4): 492-527.
Mason, B. 2005. Vocabulary acquisition through storytelling. *TexTESOL III Newsletter*, February, 3-5.
Mcdonough, K., and P. Trofimovich. 2008. *Using priming methods in second language research*. London,

UK: Routledge.
Miki, K. 2010. An access to English homographic words of Japanese EFL learners. MA thesis presented to the Graduate School of Language, Communication, and Culture, Kwansei Gakuin University, Kyoto.
Miyake, S. 2009. Cognitive processes in phrase shadowing: Focusing on articulation rate and shadowing latency. *JACET Journal* 48: 15-28.
Moon, R. 1997. Vocabulary connections: Multi-word items in English. In *Vocabulary: Description, acquisition and pedagogy*, ed. N. Schmitt, and M. McCarthy, 40-63. Cambridge, UK: Cambridge University Press.
Nassaji, H. 1998. *A component skills approach to adult ESL reading: Evidence from native speakers of Farsi.* Unpublished doctoral dissertation, OISE, University of Toronto.
Nassaji, H., and H. Geva. 1999. The contribution of phonological and orthographic processing skills to adult ESL reading: Evidence from native speakers of Farsi. *Applied Psycholinguistics* 20(2): 241-67.
Nation, I. S. P., and D. Beglar. 2007. A vocabulary size test. *Language Teacher* 31(7): 9-13.
Newton, J. 1995. Task-based interaction and incidental vocabulary learning: A case study. *Second Language Research* 11(2): 159-77.
Noro, T. 2002. The roles of depth and breadth of vocabulary knowledge in reading comprehension in EFL. ARELE 13: 71-90.
Nutall, C. 1996. *Teaching reading skills in a foreign language.* Oxford, UK: Heinemann English Language Teaching.
Perfetti, C. A. 2007. Reading ability: Lexical quality to comprehension. *Scientific Studies of Reading* 8(3): 293-304.
Peters, A. M. 1983. *The units of language acquisition.* Cambridge, UK: Cambridge University Press.
Pickering, M. J., and Branigan, H. P. 1998. The representation of verbs: Evidence from syntactic priming in language production. *Journal of Memory and Language* 39(4): 633-51.
Pinel, J. 2003. *Biopsychology.* 5th ed. Boston, MA: Pearson Education.(佐藤敬・若林孝一・泉井　亮・飛鳥井望[訳] 2005.『ピネルバイオサイコロジー　脳－心と行動の神経科学』東京：西村書店)
Qian, D. 2002. Investigating the relationship between vocabulary knowledge and academic performance: An assessment perspective. *Language Learning* 52(3): 513-36.
Samuels, S. J. 2006. Toward a model of reading fluency. In *What research has to say about fluency instruction*, ed. S. J. Samuels, and A. E. Farstrup, 24-46. Newark, DE: International Reading Association.
Schmitt, N. 2000. *Vocabulary in language teaching.* Cambridge, UK: Cambridge University Press.
Schmitt, N., ed. 2004. *Formulaic sequences.* Amsterdam, NL: John Benjamins.
Schmitt, N. 2010. *Researching vocabulary: A vocabulary research manual.* Basingstoke, UK: Palgrave Macmillan.
Segalowitz, N. S. 2003. Automaticity and second languages. In *The handbook of second language acquisition*, ed. C. Doughty, and M. Long, 382-408. Oxford, UK: Blackwell.
Segalowitz, N. S. 2010. *Cognitive bases of second language fluency.* New York, NY: Routledge.
Segalowitz, N. S., and J. Hulstijn. 2005. Automaticity in bilingualism and second language learning. In *Handbook of bilingualism: Psycholinguistic approaches*, ed. J. F. Kroll, and A. M. B. de Groot, 371-88. Oxford, UK: Oxford University Press.
Segalowitz, N. S., and S. J. Segalowitz. 1993. Skilled performance, practice, and the differentiation of speed-up from automatization effects: Evidence from second language word recognition. *Applied Psycholinguistics* 14(3) 369-85.
Shanker, J. L., and W. Cockrum. 2009. *Locating and correcting reading difficulties.* 9th ed. Upper Saddle River, NJ: Merrill/Prentice Hall.
Shiki, O., Y. Mori, S. Kadota, and S. Yoshida. 2010. Exploring differences between shadowing and repeating practices: An analysis of reproduction rate and types of reproduced words. *ARELE* 21: 81-90.
Shiotsu, T., and C. J. Weir. 2007. The relative significance of syntactic knowledge and vocabulary breadth in the prediction of reading comprehension test performance. *Language Testing* 24(1): 99-128.
Siyanova, A., and N. Schmitt. 2007. Native and nonnative use of multi-word vs. one-word verbs. *International Review of Applied Linguistics* 45(2): 119-39.
Smith, F. 1985. *Reading.* 2nd ed. Cambridge, UK: Cambridge University Press.

Smith, S. M. 1988. Environmental context-dependent memory. In *Memory in context: Context in memory*, ed. G. M. Davis, and D. M. Thomson, 13-33. New York, NY: Wiley.
Stanovich, K. 1986. Matthew effects in reading: Some consequences of individual differences in the acquisition of literacy. *Reading Research Quarterly* 21(4): 360-407.
Stanovich, K. 1991. Word recognition: Changing perspective. In *Handbook of reading research Vol. 2*, ed. R. Barr, M. Kamil, P Mosenthal, and P. Pearson, 418-52. New York, NY: Longman.
Stanovich, K. 1992. The psychology of reading: Evolutionary and revolutionary development. *Annual Review of Applied Linguistics* 12: 3-30.
Stanovich, K. E., and R. F. West. 1989. Exposure to print and orthographic processing. *Reading Research Quarterly* 24(4): 402-33.
Tagashira, K. 2007. The influence of L1 semantic transfer on the development of the L2 mental lexicon. *ARELE* 18: 141-50.
Takeuchi, T. 2008. EFL listeners' perceived use of overt and covert rehearsal: Event-related fMRI. Paper presented at the 15th World Congress of Applied Linguistics. Essen: Messe Essen.
van Hell, J., and A. de Groot. 1998. Conceptual representation in bilingual memory: Effects of concreteness and cognate status in word association. *Bilingualism: Language and Cognition* 1(3): 193-211.
Ward, J. 2006. *The student's guide to cognitive neuroscience*. New York, NY: Psychology Press.
Waring, R., and M. Takaki. 2003. At what rate do learners learn and retain new vocabulary from reading a graded reader? *Reading in a Foreign Language* 15(1): 1-27.
Wilson, S. M., A. P. Saygın, M. I. Sereno, and M. Iacoboni. 2004. Listening to speech activates motor areas involved in speech production. *Nature Neuroscience* 7(7): 701-2.
Wray, A. 2002. *Formulaic language and the lexicon*. Cambridge, UK: Cambridge University Press.
Yamazaki, A. 1996. *Vocabulary acquisition through extensive reading*. Unpublished doctoral dissertation, Temple University, PA.
Yoshida, H. 2009. Initial stage of novice word learning by vocal imitation and repetition: fMRI study. A doctoral dissertation submitted to Kobe University.

●和文文献：

相澤一美・望月正道. 2010.『英語語彙指導の実践アイディア集』東京：大修館書店.
藤田賢. 2011.『日本人高校生における英文解読のコンポーネントスキルに関する研究－コンポーネントモデルと読みの発達・個人差の考察』名古屋：中部日本教育文化会.
古川昭夫・上田敦子. 2010.『英語多読入門』東京：コスモピア.
林良子・桐谷滋. 2007.「脳機能イメージング」『ことばと認知のしくみ』河野守夫（編集主幹）,井狩幸男・石川圭一・門田修平・村田純一・山根繁（編）, 104-118. 東京：三省堂.
井狩幸男. 2008.「脳科学から見たことばの習得」『英語教育』56(11): 25.
今井むつみ・針生悦子. 2007.『レキシコンの構築：子どもはどのように語と概念を学んでいくのか』東京：岩波書店.
今村一博. 2011.「多読が単語・コロケーション・定型句・反義語の認識（アクセス）速度に及ぼす影響」*Language Education & Technology* 48: 185-214.
門田修平. 2002.『英語の書きことばと話しことばはいかに関係しているか』東京：くろしお出版.
門田修平（編）. 2003.『英語のメンタルレキシコン』東京：松柏社.
門田修平. 2006a.『第二言語理解の認知メカニズム：英語の書きことばの処理と音韻の役割』東京：くろしお出版.
門田修平. 2006b.「なぜ語彙指導に語彙のネットワークを意識する必要があるのか」『英語語彙指導ハンドブック』門田修平・池村大一郎（編）, 139-148. 東京：大修館書店.
門田修平. 2007.『シャドーイングと音読の科学』東京：コスモピア.
門田修平. 2009a.「インプットとアウトプットをいかにつなぐか」『英語教育』57(12): 10-13.
門田修平. 2009b.「インプットとアウトプットをつなぐシャドーイング・音読」『第35回全国英語教育学会鳥取研究大会予稿集』: 69-71.
門田修平. 2010a.「第二言語における語彙処理とそのモジュール性」『リーディングとライティング

の理論と実践』（英語教育学大系第10巻）木村・木村・氏木（編），74-89. 東京：大修館書店.
門田修平. 2010b.『SLA研究入門：第二言語の処理・習得研究のすすめ方』東京：くろしお出版.
門田修平. 2012.『シャドーイング・音読と英語習得の科学』東京：コスモピア.
門田修平・長谷尚弥・氏木道人・S. A. White. 2011.『シャドーイングで学ぶ英語：インプットをアウトプットにつなぐ』東京：南雲堂.
門田修平・野呂忠司・島本たい子・長谷尚弥・越智徹. 2010.『第二言語における語彙処理と文処理のインターフェイス：日本人英語学習者への実証研究』（平成19-21年度 科学研究費補助［基盤研究C］研究成果報告書）.
門田修平・高田哲朗・溝畑保之. 2007.『シャドーイングと音読：英語トレーニング』東京：コスモピア.
門田修平・玉井健. 2004.『決定版英語シャドーイング』東京：コスモピア.
木下徹. 2007.「母語が違うと英語の情報処理時の負荷が異なるか」『英語教育』56(11): 26-28.
小林めぐみ・河内智子・深谷素子・佐藤明可・谷牧子（編著）. 2010.『多読で育む英語力プラスα』東京：成美堂.
小林めぐみ. 2011.「多読『授業』の可能性を模索する」『多読を多角的に捉え直す』日本英文学会関東支部例会英語教育部門シンポジウム, 東京：東京大学駒場キャンパス.
河野守夫. 1992.『英語授業の改造』（改訂版）東京：東京書籍.
小池生夫・河野守夫・田中春美・水谷修・井出祥子・鈴木博・田辺洋二（編）. 2003.『応用言語学事典』東京：研究社.
倉田久美子・松見法男. 2010.「日本語シャドーイングの認知メカニズムに関する基礎研究：文の音韻・意味処理に及ぼす学習者の記憶容量, 文の種類, 文脈性の影響」『日本語教育』147: 37-51.
三宅滋. 2009a.「日本人英語学習者の復唱における再生率と発話速度の変化の考察」『ことばの科学研究』10: 51-69.
三宅滋. 2009b.「日本人英語学習者の復唱に関する考察」JACET リーディング研究会院言語コミュニケーション文化研究科共催講演会, 大阪：関西学院大学.
三宅滋. 2012.「ボトムアップ処理の方法」『音読・シャドーイング指導ハンドブック』鈴木寿一・門田修平（編著）, 260-65. 東京：大修館書店.
村野井仁. 2006.『第二言語習得研究から見た効果的な英語学習法・指導法』東京：大修館書店.
中條清美・長谷川修治・西垣知佳子. 2008.「1980年代と2000年代の高等学校英語教科書語彙」『日本大学生産工学部研究報告B』41号: 57-89.
西澤一・吉岡貴芳・伊藤和見・深田桃代・長岡美晴. 2008.「豊田高専における英語多読授業の成果と課題」日本多読学会第7回多読教育ワークショップ.
野呂忠司. 2001.「『聞きながら読む』訓練と付随的語彙習得」『中部地区英語教育学会紀要』30: 133-40.
野呂忠司. 2008.「中学・高校生に対する10分間多読の効果」『中部地区英語教育学会紀要』38: 461-68.
野呂忠司・島本たい子. 2003.「英語の語彙知識と言語運用」『英語のメンタルレキシコン』門田修平（編著），141-47. 東京：松柏社.
大石晴美. 2003.「英語学習者の言語情報処理過程における脳内メカニズムの解明：光トポグラフィによる脳機能計測より」博士論文, 名古屋大学大学院国際開発研究科.
大石晴美. 2007.「脳内を最適に活性化する英語教授法とは」『英語教育』56(11): 10-13.
酒井邦秀（編著）. 2002.『快読100万語！ペーパーバックへの道』東京：ちくま学芸文庫.
酒井邦秀・神田みなみ（編著）. 2005.『教室で読む英語100万語：多読授業のすすめ』東京：大修館書店.
島本たい子・中西義子. 2003.「語彙知識とその測定」『英語のメンタルレキシコン』門田修平（編著）, 31-62. 東京：松柏社.
島本たい子・横川博一. 2003.「コロケーション，チャンク，語彙フレーズと外国語教育への応用」『英語のメンタルレキシコン：語彙の獲得・処理・学習』門田修平（編著）, 245-264. 東京：松柏社
白井恭弘. 2004.『外国語学習に成功する人しない人』東京：岩波書店.
白畑知彦・冨田祐一・村野井仁・若林茂則. 2009.『改訂版 英語教育用語辞典』東京：大修館書店.
鈴木孝夫. 1973.『ことばと文化』東京：岩波新書.
相馬芳明. 1997.「音韻性（構音性）ループの神経基盤」『失語症研究』17(2): 149-154.
園田勝英. 1996.『大学生用英語語彙表のための基礎的研究』（言語文化部研究報告叢書7）北海道大学.
高瀬敦子. 2010.『英語多読・多聴指導マニュアル』東京：大修館書店.
玉井健. 2005.『リスニング指導法としてのシャドーイングの効果に関する研究』東京：風間書房.

高野陽太郎. 1995.『認知心理学2 記憶』東京：東京大学出版会.
寺沢宏次. 2009(監修).『脳のしくみがわかる本』東京：成美堂出版.
山鳥重. 2002.『「わかる」とはどういうことか：認識の脳科学』（ちくま新書）東京：筑摩書房.
吉田研作・白井恭弘. 2007.『はじめての英語日記』東京：コスモピア.

索引

ア

アウトプット　121
維持リハーサル　152
一次運動野　149
意味記憶　46, 48, 53
意味転移仮説　113
インテイク　121
インプット　121
インプット仮説　128
運動前野　149
運動ルート　151
英語脳　36
英語耳　37
英単語親密度　59
エピソード記憶　46, 48, 53
エピソード・バッファ　109
横断的研究　123
音韻表象　142, 144
音韻符号化　42
音韻ループ　108
音声知覚の運動理論　149
音声分析ソフト　159
音読　144

カ

下位処理段階　148
概念リンク　111
学習方略　164
語り聞かせ／読み聞かせ　139
活性化拡散モデル　62
疑似反復プライミング　167
偶発的語彙学習　160
偶発的な学習　139
言語障害　38
顕在学習　6, 20
顕在記憶　46, 81
顕在的語彙学習　161

健忘症　49
語彙運用力　20
語彙サイズ　9, 19
語彙サイズテスト　11
語彙性判断タスク　80
語彙知識の広さ　26
語彙知識の深さ　26
語彙の深度　12
語彙の想起　34
語彙リンク　111
語彙レベルテスト　10
高等学校新学習指導要領　161
効率指標　92
効率評価　70
固定　49
コミュニケーション能力　53
コロケーション　22

サ

サブボーカルリハーサル　144
視空間スケッチパッド　109
思考適応制御モデル　28
事象関連電位　54
自動化　31
自動化理論　132
自動性　31, 40, 125
視認語彙　27
視認単語　115
シャドーイング　143
縦断的研究　123
主要部文字列　144
小脳　52
書記素・音素変換規則　144
処理効率　118
処理効率指標　83
事例理論　29
神経心理学　150

シンタグマティックネットワーク　18
親密度　64
信頼性　79
心理言語学的能力　55
精緻化リハーサル　152
精読　21
セマンティック・マッピング　162
宣言的記憶　46
宣言的知識　27
潜在学習　7, 20, 148
潜在記憶　46, 168
潜在的語彙学習　160
総合による分析　148

タ

ターゲット語　61, 82, 115
大脳基底核　52
脱文脈化　47
妥当性　78
多読　21
多読指導　129
多読・多聴　167
短期記憶　3, 4
単語認知　28, 30, 133
中央実行系　53
中央実行装置　108
中間言語　121, 129
長期記憶　4
長期増強　51
デコーディング　28, 132
手続き記憶　46, 53
転移　114
統語的プライミング　153
トップダウンシャドーイング　158

ナ

内的リハーサル　154
難読症　132
認知的流暢性　55
ネットワーク化　5

ネットワーク構築　17
脳科学　37

ハ

背側系運動ルート　151
バイリンガル語彙処理モデル　142
バイリンガル・レキシコン　112
波及効果　125
パッケージング　17
反復プライミング　52, 148, 167
光トポグラフィ　37
非宣言的記憶　46
フォーミュラ連鎖　22, 24, 134, 153, 155
深い正書法　132
腹側系音響ルート　151
付随的学習　139
プライミング　62, 146
プライム語　61, 82, 115
プラグマティックネットワーク　18
プリテスト・ポルトテスト　124
プリ・ポストデザイン　86
プレハブ　22
文の意味の検証　34
変動係数　33, 116
ボトムアップシャドーイング　158

マ

見出し語　9
望月テスト　11

ヤ

容量が制約された読み手モデル　109
読みの流暢さのモデル　109

ラ

ラベリング　16
流暢性　25
類義性判断　62
レキシコン　162
レクシーム　113

練習の法則　146
レンマ　113

ワ
ワーキング・メモリ　4, 108
ワードファミリー　9

fMRI　38, 149
N400　55
NIRS　38
PCPP　122
PPP　121
Word Association Test　12

［編著者紹介］

門田修平（かどた しゅうへい）関西学院大学・大学院教授
神戸市外国語大学大学院修了。博士（応用言語学）。専門は心理言語学，応用言語学。主な著書に，『英語リーディングの認知メカニズム』，『第二言語理解の認知メカニズム』，『SLA研究入門』（くろしお出版），『英語のメンタルレキシコン』（松柏社），『決定版英語シャドーイング』，『シャドーイングと音読の科学』（コスモピア）などがある。

野呂忠司（のろ ただし）愛知学院大学・大学院教授
愛知学院大学大学院博士課程後期満期退学。博士（文学）。専門は英語教育（主にリーディングと語彙習得）。主な著書に，『英語リーディングの認知メカニズム』（くろしお出版），『英語のメンタルレキシコン』（松柏社），『これからの英語学力評価のあり方－英語教師支援のために』（教育出版）などがある。

氏木道人（しき おさと）関西学院大学・大学院教授
米国カンサス大学大学院修士課程修了。専門は英語教育（主にL2リーディング指導）。主な著書に『英語リーディング指導ハンドブック』（大修館書店）などがある。

長谷尚弥（はせ なおや）関西学院大学・大学院教授
米国ニューヨーク州立大学大学院修士課程修了。M.S.。専門は英語教育。主な著書に『英語リーディング指導ハンドブック』（大修館書店），『Vivid English Expression I, II』（第一学習社，代表著者）などがある。

［著者］

池村大一郎（京都府立朱雀高等学校）　島本たい子（関西外国語大学）
倉本充子（広島国際大学）　杉浦香織（立命館大学）
中西 弘（東北学院大学）　釣井千恵（桃山学院大学）
越智 徹（大阪工業大学）　山科美和子（関西大学）

英単語運用力判定ソフトを使った語彙指導：CD-ROM付
©Shuhei Kadota, Tadashi Noro, Osato Shiki, & Naoya Hase, 2014
NDC375／vii, 177p／22cm

初版第1刷──2014年8月1日

編著者────門田修平・野呂忠司・氏木道人・長谷尚弥
発行者────鈴木一行
発行所────株式会社 大修館書店
　　　　　〒113-8541 東京都文京区湯島2-1-1
　　　　　電話03-3868-2651（販売部）　03-3868-2293（編集部）
　　　　　振替00190-7-40504
　　　　　［出版情報］http://www.taishukan.co.jp

装丁者────明昌堂（栗本順史）
組　版────明昌堂
印刷所────広研印刷
製本所────司製本

ISBN978-4-469-24587-5　　Printed in Japan

Ⓡ本書のコピー，スキャン，デジタル化等の無断複製は著作権法上での例外を除き禁じられています。本書を代行業者等の第三者に依頼してスキャンやデジタル化することは，たとえ個人や家庭内での利用であっても著作権法上認められておりません。
　本CD-ROMに収録されているデータの無断複製は，著作権法上での例外を除き禁じられています。